개인의 행복과
조직의 성과를 이끄는
감사경영

————

감사를
만나면
경영이
즐겁다

감사
만나면
경영이
즐겁다

초판인쇄	2014년 09월 26일
초판발행	2014년 09월 30일
재판발행	2015년 02월 10일
3 판발행	2023년 09월 11일

지은이	이미영 김만석 김병욱
발행인	조현수
펴낸곳	도서출판 프로방스
마케팅	최문섭
기 획	조용재
디자인 디렉터	오종국 Design CREO

ADD	경기도 파주시 초롱꽃로17 305동 205호
물류센터	경기도 파주시 산남동 693-1 1동
전화	031-942-5364, 031-942-5366
팩스	031-942-5368
이메일	provence70@naver.com
등록번호	제2016-000126호
등록	2016년 06월 23일

정가 16,800원
ISBN   978-89-89239-87-1 03320

개인의 행복과
조직의 성과를 이끄는
감사경영

감사를
만나면
경영이
즐겁다

이미영 김만석 김병욱 _ 지음

프로방스

Prologue
프롤로그

"감사하다는 말을 많이 들으면
적극적이고 긍정적으로 변할까?"

만약에 감사를 만나지 못했더라면…

상상조차 할 수 없어서 생각만으로도 철렁 내려앉는 가슴을 두 손으로 쓸어 안아봅니다. 힘겨운 삶 속에서 허우적거리던 어느 날 감사가 우리의 삶 속으로 찾아와 주었습니다.

지치고 힘들어 주저앉아 울고 싶을 때에도, 흔들리는 마음으로 포기할까 망설일 때에도, 감사쓰기와 감사나눔은 새로운 도전과 희망으로 마음에 큰 울림과 감동을 전해주었습니다.

그렇게 감사를 쓰고 실천하고 나누면서 행복한 삶을 향해 나아갈 수 있는 긍정의 에너지를 붙잡을 수 있었습니다.

감사실천과 나눔이 습관이 되면 내가 먼저 행복해지고 가정이 회복되고 일터가 즐거워집니다. 대한민국의 국민 모두가 행복해지는 그날까지 감사를 전파하겠다는 우리의 다짐이 고스란히 이 책에 담겨 있습니다. 책의 내용도 거의 우리가 실제로 겪은 일들을 중심으로 기록했습니다.

공동저자인 이미영 원장, 김만석 대표, 김병욱 소장은 모두 이 책의 주인공입니다.

힘들었던 삶속에서 감사로 찾은 소중한 행복이기에 감사불씨의 사명을 더 열정적으로 실천하려고 합니다. 이러한 다짐과 감사로 회복된 삶의 스토리를 이곳에 옮겨 보았습니다.

이 책 속에 등장하는 존경하고 사랑하는 지인분들께도 감사를 드립니다.

감사실천을 통해서 행복한 삶으로 나아갈 수 있도록 지침을 세워 주시고 이끌어 주신 행복나눔125 운동본부의 손욱 위원장님과 황규병 사무총장님, 감사나눔신문사의 김용환 사장님과 모든 직원들, 감사나눔아카데미 오세천 원장님께 감.사.미.소.로 감사 인사드립니다.

Enk 교육컨설팅 직원분들께는 특별한 감사의 인사를 전하고 싶습니다. 회사운영도 개인들의 삶도 많이 힘들었던 시기에 감사교육이 실시되면서 개인과 가정, 조직이 행복해졌고 업무성과가 향상되는 것을 경험하면서 솔선수범 감사의 사례를 만들어주시고 나누어 주신 점에 대해 감사를 드립니다. 그 덕분에 감사경영 교육프로그램이 만들어지고 오늘의 이 책을 출간할 수 있었습니다.

회사 내에서 감사실천의 불씨 역할을 해 주었던 이상수 이사와 이성건 팀장, 감사쓰기 프로그램을 만들어 준 김태원 실장, 윤승준씨와

김정윤씨, 매일 감사쓰기에 잘 적응해준 인턴사원들, 그리고 감사밴드를 만들기 위해 수고를 아끼지 않으신 이재희 실장님! 정말 감사합니다. 탈고를 위해 귀한 시간을 할애해 준 성미영님과 김민지님에게도 감사의 마음을 전합니다.

특별히 그동안 함께 감사를 쓰고 나누고 실천하면서 마음에 큰 위로와 격려로 감사누리공동체(대표 이미영)를 이룬 감사누리1기(팀장: 김병욱, 한종진, 최용균, 김석봉, 이현수, 김점남, 이정민, 윤세라, 김영희, 이미영) 강사님들께 사랑의 마음을 담아 감사인사를 전합니다.

아울러 함께 감사실천과 나눔에 동참해주시는 감사누리 2기(팀장: 김미양), 감사누리 3기(팀장: 홍순미) 강사님들의 열정과 섬김에도 큰 박수를 보내드립니다.

또한 포항극동방송 〈아름다운 고백〉 진행자이시며 전국 교도소에서 교정사역을 담당하시는 이기학 목사님께도 교도소 감사운동을 시작할 수 있도록 길을 열어주신것에 대해 감사드립니다.

감사를 쓰고 실천하는 우리를 사랑과 인내로 지켜봐 주고, 힘을 실어준 사랑하는 가족들에게 마음을 다해 감사와 사랑을 전합니다.

이 책이 나올 수 있도록 기회를 주신 프로방스 출판사의 조현수 대표님과 편집실의 오종국님, 삽화를 그려주신 서설미님께 감사를 드립니다.

개인의 행복과 조직의 성과를 이끄는 행복나눔과 실천이 이 책을 읽는 지금, 여기에서 나부터 시작되어지길 기대합니다.

감사를 만나면 경영이 즐겁습니다.

오늘도 감 사 경 영 으로 활기차고 행복한 날 되시기 바랍니다.

감사합니다.

2014년 9월

가을이 오는 길목에서...

저자 일동

저자 | 이미영 김만석 김병욱

"행복한 세상을 만드는 사람들"

2010년 3월 행복나눔125운동이 탄생했습니다. OECD국가 중 자살률 1위, 행복도 꼴찌의 갈등공화국이라는 참담한 대한민국의 정신문화를 바로 세워 우리 후손들에게 신바람 나고 행복한 나라를 되돌려주어야 한다는 뜨거운 마음이 하나로 뭉쳤습니다.

생생지락(生生之樂)으로 일하는 즐거움이 가득한 행복한 나라, 동양의 르네상스 시대를 연 세종의 조선. 23전 23승 세계해전사의 기적을 이루고 임진왜란을 승리로 이끈 이순신 장군의 명량해전. 20세기 세계에서 가장 가난하던 나라를 새마을정신으로 한강의 기적을 이루어 세계에서 가장 부지런한 국민, 20세기 산업화에 가장 성공한 나라. 이 모두가 우리 민족 역사에 전환점을 이룬 '신바람 나는 행복한 시대' 입니다. 이 시대들의 공통점은 '훌륭한 지도자의 리더십과 올바른 정신문화로 한 마음 한 뜻을 이룬 시대' 라는 것입니다. 그리고 그 바탕에는 언제나 '인간 세상을 모두 이롭게 한다' 는 홍익인간의 이념이 자리하고 있었습니다.

홍익인간은 단군의 건국이념입니다. 공자가 "동방예의지국"이라 칭송했던 단군조선의 백성들은 지혜롭고, 사회는 행복하고, 모두로부터 존경받는 나라였습니다. 오늘날 세계인이 갈구하는 '정의로운 나라', '행복한 나라' 의 표본이 되는 나라였습니다.

행복나눔125는 바로 홍익인간의 이념을 되살려 행복한 대한민국을 만들고 인류문화에 기여하자는 뜻으로 출발했습니다. 깨진 유리창이 사방에 깔린 병든 지구를 구하고 평화, 상생, 행복이 넘치는 인류공영에 기여하는 나라가 되자는 뜻입니다.

인도의 시성 타고르가 '일찍이 아시아의 황금시기에, 빛나던 등불의 하나인 코리아 그 등불 다시 한 번 켜지는 날에, 너는 동방의 밝은 빛이 되리라'고 예언했던 동방의 등불이 되어 세상을 밝히는 민족이 되자는 것입니다.

행복나눔125는 세 가지 실천항목으로 구성되어 있습니다.
한 주일에 한 가지 착한 일을 하여 나눔의 습관을 체질화하고, 한 달에 두 권의 책을 읽고 독서토론을 하여 지혜로운 국민이 되고 소통과 화합의 문화를 만들고, 하루에 5가지 감사쓰기를 통하여 긍정마인드로 행복한 사회를 만들자는 것입니다.

이 책의 저자들은 감사누리공동체의 회원들입니다. 이들을 만나면서 교도소의 감사나눔 운동을 함께 추진하게 되어 사회의 가장 어두운 곳의 하나인 교도소에도 행복나눔125의 기적의 꽃을 피울 수 있다는 사실에 감사했습니다. 육군교도소의 조용욱 소장이 감사운동을 도입하고 6개월 만에 수용자들이 스스로 행복페스티벌을 열어 감사의 기적을 나누는 모습은 감동이었습니다. 이후 감사누리공동체 회원들과 함께 전국의 교도소와 소년원에 행복나눔125의 불씨를 전파하고 있습니다.

감사누리공동체 회원들은 먼저 5감사쓰기부터 시작하여 100감사로 가정을 행복하게 만드는 감사의 기적을 체험하고 독서와 선행을 통해 이웃과 일터를 행복하게 만들어가는 감사의 불씨가 되었습니다. '감사누리 공동체'는 지속적인 감사실천과 행복나눔125지도자 과정을 통하여 감사불씨로 성장하여 전국의 기업과 지자체, 학교와 군대에서 행복나눔125를 전파하며, 나아가 재능 나눔 강의를 통해 모든 교도소와 소년원을 변화시키고 세상을 밝히는 등불이 되겠다는 꿈을 실천하고 있습니다.

행복나눔125운동은 단순하고 쉬워 보입니다. 그러나 습관화와 체질화를 통하여 조직문화를 바꾸고 정신문화로 정착시키는 것이므로 성공하는 것이 쉽지 않습니다.

이 책은 저자들의 생생한 체험을 바탕으로 누구나 쉽게 행복나눔125운동을 한 걸음 한 걸음 체득해 나갈 수 있도록 재미있는 스토리로 엮었습니다.

책을 잡으면 끝까지 손을 뗄 수 없을 것입니다. 특히 융합창조시대의 메가트렌드에 고심하는 기업경영자들이 기업의 조직문화를 창조적으로 바꾸고 일터를 행복하게 만들어 경쟁력을 회복하는데 큰 도움이 되리라 믿습니다.

공동저자인 이미영 김만석 김병욱 세 분의 노고에 박수갈채를 보내드리며 감사누리 회원들의 열정에 감사드립니다. 세상을 행복하게 만드는 큰 불씨가 되시기 바랍니다.

감사합니다.

손 욱 | 행복나눔125 운동본부 위원장

"기업 활동에서 가장 중요한 자원은 사람입니다"

기업 활동의 주축이 되는 사람 즉, 직원들이 행복해지면 성과는 당연히 올라가게 됩니다. S&P 500대 기업의 순익과 GWP 100대 기업의 순익을 비교해 놓은 그래프를 살펴보면, 일하기 좋은 기업(Great Work Place)의 순익이 S&P 500대 기업의 3배나 되었습니다. 그만큼 직원들의 행복감이 업무성과로 이어진다는 의미일 것입니다.

일하기 좋은 기업이 되기 위한 요소로 조직과 구성원에 대한 신뢰(TRUST), 업무와 회사에 대한 자부심(PRIDE), 그리고 일과 구성원간의 즐거움(FUN)을 이야기합니다. 그러나 이러한 요소의 밑바닥에 감사라는 토양이 없다면 신뢰도, 자부심도, 즐거움도 자라기 어려울 것입니다.

오랜 시간 영업조직을 관리하면서 많은 프로 세일즈맨들을 만나보았는데, 성공적인 영업활동을 한 프로 세일즈맨에게서 찾을 수 있는 공통점은 학력도, 외모도, 언변도 아닌 바로 성실성이었습니다. 성실하게 영업활동을 하는 사람들은 거의 긍정적인 사람들이었고 또한 이들은 주어진 여건에 감사할 줄 아는 사람이었습니다.

이 책의 내용에서와 같이 감사는 우리가 할 수 있는 가장 매력적인 표현이며 나아가 우리를 행복하게 바꿔주고, 조직의 성과 향상은 물론 세상을 더욱 아름답게 변화시켜주는 것이라는 확신에 적극 공감합니다. 책의 내용은 어떤 조직에도 적용할 수 있으리라 생각하지만 책의 배경으로 등장하고 있는 보험세일즈 조직을 포함한 모든 세일즈맨들의 긍정성을 강화시킬 수 있는 방법으로 활용될 수 있을 것이라 생각되며, 나아가 개인, 가정에서도 감사프로젝트를 도입해 보셔도 좋으리라는 생각이 듭니다.

읽을수록 재미있고 유익한 책을 써주신 감사나눔 실천사례의 주인공이신 공동저자 이미영 김만석 김병욱 세분께 감사의 인사를 드리며, 이 책으로 인해 대한민국의 행복지수가 높아지고, 지속적인 감사실천으로 개인과 조직이 모두 행복해지길 바랍니다.

감사합니다.

김갑수 | 현대해상화재보험 인사총무부문 상무

Contents
차례

우울하고 막막한 기분에 인적 드문 마포대교를 걷다보니,
삶에 대한 애착을 잃어버린 누군가는 이곳에서
뛰어내리고 싶은 강한 충동을 느낄 수도 있겠다는
생각이 불현듯 스쳐 지나갔다.

생명의
다리

01

생명의 다리

인간의 생명은 둘도 없이 귀중한 것인데도,
우리는 언제나 어떤 것이 생명보다 훨씬 더 큰 가치를
갖고 있는 듯이 행동한다.
그러나 그 어떤 것이란 무엇인가!
– 생땍쥐베리 –

● ● ●

죽을 마음을 먹고 이곳에 온 것은 아니었다.

'마포대교'.

차를 타고 지나다닐 때에는 자세히 보지 못했다.

보도블럭에 올라서서 첫 걸음을 내딛는 순간 여느 다리와 다른 생소함이 느껴졌다. 잘 꾸며 놓은 조형물처럼, 언젠가 먼 여행지에서 보았던 이국적인 느낌마저 드는 이곳 마포대교의 풍경이 오늘 내겐 그랬다.

발걸음을 옮길 때마다 보폭에 맞추어 다리 난간에 설치된 LED등에 불이 켜지면서 그 불빛 안에서 익숙한 언어들이 내게 말을 걸어왔다.

'밥은 먹었어?'

'잘 지내지?'

'바람 참 좋다.'

'오늘 하루 어땠어?'

오늘 하루 어땠냐구?

지금의 내 기분은 한 마디로 말하면 '우울함' 그대로이다.

'많이 힘들었구나!'

'말 안 해도 다 알아.'

　나를 아는 오랜 지인인듯 다리난간의 불빛 안에서 따뜻한 언어들이 내게 말을 걸어주고 있었다.

　마포대교 난간에 언제부터 이런 문구가 설치되어 있었지?

　그리고 나는 왜 지금 이 시간에 여기에 서 있는 것일까?

　다리의 난간에 기대어 LED 불빛을 바라보고 있으려니 새삼 오늘 하루 일어났던 일들이 주마등처럼 스쳐 지나갔다. 그 일들을 겪지 않앉더라면 나는 결코 이곳에 오지 않았을 것이다.

기분이 많이 우울했다. 이런 기분에 딱히 갈 곳이 떠오르지 않았다.

우울하고 막막한 기분에 인적 드문 마포대교를 걷다보니, 삶에 대한 애착을 잃어버린 누군가는 이곳에서 뛰어내리고 싶은 강한 충동을 느낄 수도 있겠다는 생각이 불현듯 스쳐 지나갔다.

다리 난간의 불빛속에서 익숙하고 친근한 언어로 말을 걸어주는 의외의 관심이 어쩌면 자살을 생각하며 이곳에 온 사람들의 흔들리는 마음을 붙잡아 줄 수도 있다는 생각이 들었다. 이 불빛과 언어들은 누군가의 배려일 수도 있겠다는 생각을 하며 강물을 바라보았다.

은은하게 흐르는 난간 불빛과 대조적으로 한강의 강물은 오늘따라 더 어둡고 깊어만 보였다.

우울하고 지치고 가슴 쓰린 날…

오늘은 내 인생에서 참으로 고단하고 힘이 들어 딱 죽고 싶은 그런 날이다.

불과 2년 전 입사 동기들 중 가장 먼저 차장으로 승진하던 날, 내 인생은 지금 이대로 그 어느것도 거침없이 최고의 절정을 향해 나아갈 것이란 부푼 꿈을 꾸며 행복했었다.

동기들에 비해 가장 빠른 승진…

무리를 하기는 했지만 살고 있는 집에서 조금 떨어진 곳에 주상복합 아파트를 좋은 조건으로 분양을 받아 놓았다. 지금 살고 있는 용인 수지 지역 아파트도 당시 시세보다 저렴하게 구입했고, 새로 분양받은 아파트 입주가 시작되는 시점까지 조금만 더 올라 준다면 새 아파트로 이사하는데 큰 무리가 없을 거라는 계산을 이미 마쳐 놓은 상태였다.

2년 전 차장진급을 축하한다는 인사와 함께 '당신 참 대단하다'는 주변사람들의 시샘 섞인 칭찬을 들을 땐 당연하다는 생각에 조금 더 큰 소리로 말해 주면 좋겠다는 생각이 들 정도였다. 내 자신 스스로도 뿌듯하고 대견했다.

그렇게 내 앞에 펼쳐진 인생은 장밋빛으로 늘 행복하리라 믿었다.

하지만 자신만만했던 장밋빛 인생이 잿빛으로 바뀌는 데 채 2년이란 시간이 걸리지 않았다. 지금 돌이켜 생각해봐도 그 시간들은 많이 힘들고 당황스러웠다.

다시 생각하기도 싫은 지난 시간들.

대학선배에게서 얻은 정보에 고마워하며 투자를 했던 회사가 갑자기 상장폐지 되는 일이 벌어졌다. 이상하다는 낌새를 알아 차렸지만 이미 한 발 늦은 때였고 주가는 하한가를 기록하며 곤두박질치며 내려앉기 시작했다.

투자한 회사가 불안하다는 낌새조차 알아차리지 못한채 미처 대책마련을 생각해 볼 틈도 없이 일주일 만에 주식은 휴지조각이 되어버렸다.

무리해서 사금융 대출까지 받아 투자를 했기에 눈앞이 캄캄하고 절망스러웠다. 석달 정도만 보유하고 있으면 투자금액의 두 세배는 벌 수 있다는 달콤한 유혹이 나의 판단력을 흐리게 한 결과였다.

상장폐지 되었다는 뉴스를 접하고 나서 수습하느라 정신없이 뛰어

다니다 보니 업무에 집중하기가 어려웠다. 내가 맡은 팀의 실적은 급격하게 떨어졌고 급기야 일주일 전 내가 담당하던 거래처 중 가장 큰 회사인 대박상사에서 거래처 변경을 통보해왔다. 놀라기는 했지만 그간의 거래실적이나 담당자와 친분을 떠올리면 돌이킬 수 있는 가능성이 어느 정도는 있을 거란 생각이 들었다.

오늘이 대박상사의 하지만 과장과 최종 미팅이 진행된 날이다.

"이게 하루 아침에 결정된 일은 아니잖아요. 몇 달 전부터 대책을 마련해 달라고 팀장님께 몇 차례 말씀을 드렸잖습니까?"

"물론입니다. 저희도 그 부분에서는 대책을 마련하기 위해 노력을 했었지요."

대박상사의 하지만 과장은 눈을 마주치는 것조차 부담스러운지 창가쪽을 바라보며 무심한 어조로 자신의 입장만 거듭 반복하며 말했다.

"사실은 제가 감당하기 어려운 윗선에서 거래조건이 좋지 않다는 문제를 수차례 제기하셨습니다. 게다가 마침 사장님 친구분이 S보험 임원으로 자리를 옮기며 우리 회사의 보험물건을 관리할 수 있도록 해 달라는 요청이 있었고 조건도 H화재보다 좋다보니 어쩔 수가 없었습니다."

"하지만 저희가 그동안 대박상사에 최상의 조건을 제공하기 위해 노력을 하고 있었다는 것은 과장님도 잘 아시지 않습니까? 그리고 사장님 친구분이라고 하지만 대박상사에서 필요로 하는 것을 저희보다 더 잘 알고 도와드릴 수 없다는 것은 누구보다도 과장님이 잘 아실 것 아닙니까?"

"그야 잘 알죠. 팀장님도 잘 아시다시피 우리 월급쟁이들이 정책적으로 내린 결정사항에 힘을 쓸 수 있는 것이 별로 없잖습니까."

'뭐라고? 월급쟁이라고? 지난 달 골프를 칠 때는 자기만 믿으라며 알아서 잘 모시라는 투로 큰소리치며 호기를 부리더니 이제 와서 월급쟁이 타령을 하고 있다니…'

하지만 과장은 더 이야기를 나누는 것이 부담스러운지 서둘러 미팅을 마치고 싶다는 듯 급히 일어서면서 대화를 마무리했다.

"저도 팀장님께 이런 말씀을 드리는 것이 괴롭습니다."

"과장님 이번 결정은 저희 회사에도 어려움을 주겠지만 지난번 미팅때 말씀드린 것처럼 제게도 너무나 치명적인 결과가 주어지기에 과장님 입장이 난처하다는 것을 알면서도 이렇게 부탁을 드리는 것 아닙니까?"

"팀장님 처지를 누가 모르겠어요. 그런데 어쩌겠습니까! 이미 결정이 내려진 상황에서 제가 할 수 있는 일은 팀장님께 이 상황을 전달해 드리는 것 뿐인데…"

이런 일이 있으려고 그랬는지 오늘은 아침부터 지치고 힘든 일의 연속이었다.

여의도에 있는 사금융 업체에서 급하게 추가대출을 받아 카드대금 돌려막기를 했고, 그런 내처지가 한심스러워 한숨이 나오는 상황에서 혹여나 하는 기대를 가지고 미팅장소에 미리 와 있었는데, 대박상사의 담당자인 하지만 과장을 통해 거래처를 우리의 라이벌인 S사로 바꾼다는 통보를 듣게 된 것이다.

보통은 대박상사에서 회사로 가기 위해 여의나루역에서 지하철을 이용했지만 오늘은 회사로 곧장 가고 싶지 않았다. 답답한 마음에 지하철 입구로 내려가지 않고 마포대교를 향해 걷기 시작했다. 초저녁인데도 겨울이라서 그런지 벌써 어둠이 내려앉기 시작했다.

나중에 안 사실이지만 마포대교를 '생명의 다리'라고 부른다고 했다.

철교를 포함해 한강에 설치된 27개 다리 중에서 마포대교에서 자살하는 사람이 가장 많아서 자살을 예방하기 위한 대책으로 마포대교와 한강대교에 이런 자살방지 시설물을 만들었고 이런 이유로 '생명의 다리'라는 이름이 붙여진 것이다.

겨울 강바람은 매섭고 추웠다. 정말 추운 것은 강바람이 아니고 지금 내가 처한 현실에서 불어오는 뼛속까지 파고드는 불안과 두려움의 송곳 같은 칼바람이다.

난간 불빛에 '친구야 삼겹살에 소주 한 잔 어때' 문구가 나타났을 때 생각했다.

'그래 지금 내 마음을 위로해 줄 그런 친구가 있으면 좋겠다. 죽고 싶도록 괴로운 마음을 쏟아 놓으면 내 어깨를 토닥거려 줄 그런 친구가 있으면 정말 좋겠다.'

축 처진 모습으로 불빛속의 글자들을 따라서 얼마쯤 걷다보니 '한 번만 더' 동상이 눈에 들어왔다. 실의에 빠져 있는 친구의 볼을 꼬집

으며 한번만 더 생각하라는 의미의 동상인데 나에게도 볼 한번 꼬집
으며 진심으로 위로해 주는 친구가 있으면 좋겠다는 생각이 들었다.

　어떻게 마포대교를 다 건넜는지 기억이 없다.

　중요한 것은 2년 전 승진할 때 잘 나가던 모습과 달리 내가 맡고
있던 팀은 해체되었다는 것이다. 기고만장해서 항상 교만했던 나
는, 나를 원하는 곳이 어디에도 없다는 차가운 현실을 마주 대할 수
밖에 없었다.

　갈 곳이 없어 고민하던 내게 신입사원 시절 사수였던 고만석 부장
에게서 함께 일해 보자는 제안이 왔다.

　조직개편으로 인해 신규조직을 떠안게 되었는데 그 조직을 맡아서
운영해 보지 않겠느냐는 제안이었다. 선택의 여지가 없는 나는 기회
를 부여해 준 고만석 부장의 호의에 그저 감사해 하며 충정로사업부
의 영업지점장을 맡게 되었다.

　이곳에 온지도 벌써 3개월.

　내가 맡은 로얄지점은 본부 내 영업조직 개편에 따라 다양한 사업부
에서 흡수된 인원으로 구성되어 무질서해 보일 정도로 어수선했다.

　로얄지점은 지난달에도 실적이 너무 부진하여 사업부에서는 물론
이고 본부에서도 꼴찌를 했다.

　나는 지금의 상황을 호전시킬 뾰족한 대안도 없고 또 다른 출구도
없다.

　어두운 터널에 갇힌 듯 막연한 불안감과 두려움만 있을 뿐…

하루 다섯 개의 감사는 대수롭지 않을지 모르지만
꾸준히 쌓이게 된다면 놀라운 일을 만들어 내게 됩니다.
결국은 행복한 삶을 사는 것도
한걸음씩 감사를 쌓아가면서 만들어 가는 것 아닐까요?

감사를
만나다

02

감사를 만나다

그 사람이 얼마나 행복한가는 감사의
깊이에 달려 있다.

- 존 밀러 -

• • •

　　　지난 주 본부에서 진행된 감사선포식 이후, 사업부와
지점의 벽에 걸린 포스터가 감사와 관련된 내용으로 바뀌어 있었다.
　오후에 '감사경영'이란 주제로 교육이 진행된다고 했다.
　회사 내 전직원 교육이 '감사' 라는 것이다.
　올해 회사에서 중점적으로 진행하는 교육의 주제가 '감사'임을 아
는 순간, 이제는 '별 교육을 다 시킨다' 라는 생각이 들었다.
　본부 내 전 직원과 영업조직에 감사노트가 지급되었고 앞으로 감
사쓰기 시스템이 오픈될 예정이라고 했다. 감사노트에 매일 5개의
감사를 적는 것으로 회사 내 감사운동이 본격적으로 시작된다는 설
명이 있었다.

아침 조회 때 사내방송인 h-cast를 통해 회사에서 판매하는 상품의 광고를 함께 시청했다.

'이 광고가 끝나면 **고마워**라고 말해 주세요'

어린이보험 광고는 이렇게 시작했다.

'고마워' 라는 말을 많이 듣고 자란 아이들이 더 창의적이고 적극적으로 성장한다는 광고 카피가 나레이션을 통해 들려왔다.

'어린이들뿐만 아니라 어른들도 고맙다, 감사하다는 말을 많이 들으면 적극적이고 긍정적으로 변할 수 있을까?'

'그렇게만 된다면 보험영업을 하는 우리 조직에도 큰 도움이 될텐데…' 라는 생각을 하면서 아침 사내방송을 유심히 지켜보았다.

"다들 들으셨겠지만 우리 회사도 감사운동을 전개합니다. 감사운동의 가장 기본이 되는 것은 매일 5가지씩 감사한 일을 적는 것입니다. 오늘 지급해 드린 감사노트에 빼 먹지 말고 매일 5개의 감사를 적도록 부탁드립니다. 앞으로 표준활동에도 반영하여 시책금 지급할 때 감사일기 작성여부를 반영한다고 하니 신경 써서 작성해 주시기 바랍니다.

그리고 지난 분기 우리지점의 실적이 안 좋았던 것은 다들 아시죠? 지점도 문제이지만 이것은 여러분의 소득과도 직결되니 이번 달에는 목표 달성을 위해 최선을 다해 주시기 바랍니다."

"지점장님. 왜 갑자기 감사, 감사 그러는 건가요?"

그나마 우리 지점에서 실적이 가장 좋은 백은실 팀장이 손을 들고 질문을 했다.

"하루에 어떻게 5가지씩이나 감사한 일을 찾아내요? 설령 5가지 감사한 일을 찾아낸다고 해도 매일 지속적으로 써야 하는데 그게 가능할까요?"

"저도 아직은 잘 모르겠습니다. 지난 달 회사 창립기념일에 사장님께서 회사의 운영목표를 직원과 직원가족, 그리고 고객의 행복에 초점을 맞추시겠다고 선포 하신 후 생긴 변화입니다.

앞으로 회사차원에서 감사운동을 지속적으로 전개할 예정이랍니다.

우리 본부가 시범적으로 감사실천 본부로 선정되었습니다. 우리 본부가 먼저 잘해야 회사 전체에 확대될 것 같습니다. 저도 오늘 오후에 교육을 받아봐야 뭘 어떻게 하는 건지 알 수 있을 것 같아요. 자세한 것은 교육을 받아보고 와서 내일 조회시간에 전달해 드리도록 하겠습니다."

나는 감사와 관련된 이야기를 서둘러 마무리 하고 주간 마감 내용으로 화제를 돌렸다.

"신상품 출시되면 시책이 많이 걸리는 것 잘 아시죠? 오늘 오전에 h-cast에서 보여드린 어린이 CI보험 상품에 대해 본부와 사업부 차원의 시책이 많이 걸려 있으니까 다른 상품 판매보다 신경을 더 써주시기 바랍니다."

조금 전 감사실천에 대한 지침을 전달할 때와 다르게 실적관련 업무지시를 단호한 어조로 전달하였다.

"우리 회사가 업계 2위이지만 상품은 가장 잘 만드는 거 아시죠?

상품에 대한 경쟁력은 타회사보다 월등하니까 자신감 가지고 신상품 판매에 대해 더 신경을 써 주시기 바랍니다. 그리고 지난달 증원목표를 한명도 달성하지 못해 사업부장님께 제가 많이 시달린 것도 아실 겁니다. 이달에는 증원대상자 면담 5명에 순증 2명 이상 꼭 달성해 주시기 바랍니다. 백팀장님은 지난 달부터 추진하던 하이기업 단체보험에 대해 이달에는 결론이 날 수 있도록 협의 잘 하시고 지원이 필요하시면 언제든지 말씀해 주시기 바랍니다. 이상입니다. 질문 있으신가요?"

오전조회를 마치고 서둘러 교육장으로 이동했다.

곤지암에 있는 연수원은 내가 이 회사에 입사할 때 IMF로 어려워진 다른 회사의 연수원을 인수하여 리모델링을 한 곳인데 벌써 여러 해 오고 가다 보니 길가의 상점이름도 외울 정도로 익숙해졌다.

광화문을 출발한 차는 남산3호 터널을 지나 반포대교로 접어들었다. 올림픽대로를 달리며 내 머릿속에서 지난 2년간의 일들이 한편의 드라마처럼 펼쳐졌다.

굳이 힘든 내색을 하지는 않았지만 주변에 있는 사람들이 의기양양 잘난 척 하더니 그렇게 될 줄 알았다며 조롱을 하는 것만 같았다.

그런 생각만으로도 몸이 움츠러들고 어깨가 내려앉았다. 이런 저런 상념에 빠져 있음에도 아는 길인지라 어느새 차량은 올림픽대로를 지나 외곽순환도로를 거쳐 중부고속도로로 접어들었다. 다른 때 같으면 지점장들과 어울려 떠들썩하게 이동했을 터인데 오늘은 사소한 대화조차 나누고 싶은 기분이 아니었다. 일이 있다는 핑계를 대고 혼자 연수원으로 향하는 길이다.

'독사'.

'바늘로 찔러도 피 한 방울 나오지 않을 것 같은 놈'.

남들이 나를 대놓고 부르는 별명이다.

딱히 동의할 생각은 없지만 일에 있어서 철저하다는 의미로 받아들이니 그다지 나쁜 말로 들리지 않았다.

만남의 광장 휴게소에 밥을 먹기 위해 들어섰다.

만남의 광장은 골프약속이 있을 때 지인들을 만나 차 한 대로 옮겨 타기 위해 한 달에 한 두 번은 들르는 곳이다.

장기주차 차량이 많아서인지 장기주차 공간을 제법 많이 확보해 놓았다. 하행선과 상행선 차량이 모두 이용할 수 있는 곳이어서 휴게소의 규모에 비해 늘 많은 사람들로 붐비는 곳이다.

배는 고프지만 깔깔한 입맛에 마땅히 먹을만 한 것이 없어 라면을 시켜 놓고 나서야 아침도 못 먹고 나오면서 아내와 돈 문제로 다투었던 일이 생각났다.

출근하기 위해 겉옷을 막 입으려고 하는데 아내가 볼멘 소리를 했다.

지난달에도 적자여서 마이너스 통장을 썼고 이번 주까지 대출금 만기연장을 해야 하는데 해 줄지 모르겠다며 짜증 섞인 잔소리를 늘어놓았다.

돈 문제가 나오면 나도 뭐라 할 말이 없고 더군다나 당장 어떻게 해볼 도리가 없다.

내놓은 집이 안 팔리는 것이 내 책임도 아니고, 아이 학원비나 생활비 규모가 커진 것도 다 내가 책임져야 하는 것이 때로는 부당하다는 생각도 들었다. 어깨에 큰 돌덩이를 메고 있는 듯 힘에 겨웠다.

지금 살고 있는 집을 팔고 대출을 조금 더 받으면 분양받은 아파트에 들어갈 수 있다는 계산이었는데, 계획대로 되지 않고 오히려 크게 어긋나 곤란한 상황이 되어 있었다. 아파트 경기가 나빠질대로 나빠져 가격도 떨어졌고, 팔려고 내 놓아도 팔리지 않다보니 이러지도 저러지도 못하는 난감한 상황이 된 것이다.

가뜩이나 지점 운영하기도 빠듯해서 개인적으로 쓰던 마이너스 통장도 꽉 차 여유가 없었다. 주식투자할 때 대출받은 원금과 이자를 갚기 위해 이달에도 대부업체의 돈을 또 다시 융통해서 쓰다 보니 한 달, 한 달 지나갈수록 금전적인 압박과 고통은 더 심해졌다.

아내의 말을 듣고 있으려니 돌연 화가 치밀어 올라 습관처럼 버럭 소리를 지르고 말았다.

늘 그랬던 것처럼 우리 부부의 대화는 서로를 원망하는 일그러진 표정으로 그쯤에서 끝이 났다.

게다가 오전엔 사업부 회의에서 부장님께 된통 깨지고 내일 회의 때 이달 실적 달성 계획에 대해 구체적으로 보고하라는 이야기를 들은 터였다.

라면을 흡입하듯 대충 먹고 나와서 아메리카노 커피 한잔을 샀다.

오늘은 커피맛이 평소보다 더 쓴 것 같다. 이래저래 감사교육을 받으러 가는 마음이 영 감사하지 못한 상태이다.

휴게소를 나와 천천히 차를 몰아 곤지암 나들목으로 빠져나와 회사의 연수원이 있는 길로 접어들었다. 길가에 봄꽃이 만연한데 내가 처한 상황은 아직도 꽁꽁 얼어붙은 한겨울이다. 언제쯤이면 내 삶의 언 땅이 녹아 꽃 한번 피워보게 될런지…

연수원에 차를 주차시키고 강의장에 들어서니 잔잔한 음악과 함께 감사와 관련된 문구와 따뜻한 이미지들이 스크린에 슬라이드쇼로 보여지고 있었다. 마음이 복잡하지만 않다면 공기 좋은 연수원에서 이런 힐링 음악을 들으며 보내는 시간도 참 좋을 거란 생각이 들었다.

교육시간이 되어 강사소개를 하는데 본사에 감사행복연구소라는 조직이 신설되었고 오늘 강의는 연구소 소장을 맡게 된 오미영 소장이 직접 한다고 했다.

오미영 소장은 '감사 경영'이라는 제목의 슬라이드를 띄워 놓고 교육생들을 둘러보며 밝은 표정으로 질문하며 강의를 시작했다.

"행복한 삶을 위해 꼭 필요한 것이 있다면 무엇이 있을까요?"

무선마이크를 들고 앞줄에 앉아 있는 교육생들에게 다가가며 물었다. 제각기 자신의 입장에서의 생각이 이곳 저곳에서 쏟아져 나왔다.

'돈이요', '가족이죠', '건강이 있어야 일을 하지요', '직장입니다', '돈 많고 건강한 애인이 있으면 좋겠어요'.

순간 한바탕 웃음이 강의장을 들썩이며 지나갔다.

스스로 모든 것을 다 가졌음에도 행복하다고 말하지 않는 사람들이 있다는 오미영 소장의 오프닝멘트를 들으면서, 나는 '무엇을 행복의 조건이라고 말할 수 있을까?' 스스로에게 질문해 보았다. 순간 지금의 내 상황은 행복과 거리가 멀다는 생각이 들었다.

마치 이런 나의 생각을 알고 있다는 듯 오미영 소장은 '지금 이곳에 계신 여러분은 이미 충분히 행복하다고 말해도 좋다' 라는 다소 강한 메시지를 던지며 본격적인 감사강의를 시작했다.

GDP 2만4천불, 세계 14위의 경제대국, 세계에서 7번째로 2050클럽 가입 등 대한민국의 현주소라는 화면을 띄워놓고 우리나라가 얼마나 역동적인 경제 발전을 이루었는지를 설명했다.

한국전쟁을 치르고 60년 밖에 지나지 않은 대한민국이 이루어 낸 성과는 '한강의 기적' 이라 불리며 세계의 이목을 집중시켰고 총체적 난국을 이겨내고 경제성장을 이루었기에 그 업적에 걸 맞는 칭찬을 충분히 받을만 했다.

강사의 말에 의하면 6.25전후 한국의 처참한 상황을 본 외신기자는 '쓰레기통에서도 장미꽃이 피는가! 단언컨대 100년이 지나도 대한민국은 제구실을 하지 못할 것이다' 라는 내용의 브리핑 기사를 자국에 돌아가 타이틀 기사로 썼다고 했다.

그로부터 50년도 채 지나지 않아 대한민국은 경제적으로 대단한 성공을 거둔 나라, 개발도상국들의 벤치마킹 대상이 되는 나라, 전세계에서 IQ가 2위인 나라, 뛰어난 인재들이 넘치는 나라가 되어 있다는 것이다.

오미영 소장은 이렇듯 경제성장으로 잘 살게 되었음에도 정작 우리나라 국민들은 그다지 행복한 삶을 살고 있지 않다는 내용으로 본론에 들어갔다.

우리나라의 사회적 갈등비용은 GDP의 27%로 한 해에 거의 300조원이 소모되고 있고, 자살율이 세계 1위, 이혼율이 3위, 행복지수가 OECD국가 34개국 중 32위라고 했다.

우리나라는 하루에 40명씩 자살을 한다며 보여준 슬라이드 화면에 4개월 전 대박상사에서 마지막 미팅을 마치고 막막한 기분으로 찾아갔던 마포대교가 등장했다. 한강다리 중 자살을 가장 많이 시도하는 다리라는 설명을 할 때 마포대교의 난간이 클로즈업 되었고 그날의 칼바람이 다시 불어오는 듯 한기가 느껴졌다.

마포대교를 걸었을 때의 우울함이 또 다시 밀려왔다.

오미영 소장은 경제적으로 눈부신 성장을 이룬 자랑스러운 대한민국의 현주소가 왜 이렇게 되었는지 우리를 향해 질문을 했다.

그러자 누군가 대답을 했다.

"제가 안그랬는데요."

오미영 소장은 "참 오래된 개그를 하시는군요." 라며 웃으며 맞장구를 쳤다.

아무도 선뜻 대답을 하지 않고 있으니 이것은 물질의 빈곤에서 오는 것이 아닌 정신문화 부재, 즉 '정신문화 빈곤' 때문이라고 했다.

"여러분은 지금 행복하신가요?" '행복의 조건'을 묻는 처음 질문과 달리 정작 자기 자신들의 행복지수를 묻는 질문은 교육생들에게 아주 낯선 울림으로 전해졌다.

예전에 자살율, 이혼율, 행복지수 등의 통계를 접하면 나와 상관이 없는 이야기라고 생각했다. 그런데 지금 행복한지를 묻는 강사의 질문에 선뜻 대답을 할 수가 없었다. 왜냐하면 지금 나는 전혀 행복하지 않기 때문이다. 앞에서 보여준 대한민국의 현주소와 우리집의 현주소는 많이 닮아 있었다.

우리 부부도 부부싸움을 하다가 이혼이라는 단어를 여러 차례 언급했었고 34개국에서 32위를 했다는 대한민국의 행복순위를 뒤로 더 처지게 하는 데 일조했을 것이다.

강사는 이러한 대한민국의 총체적 불행지수를 행복지수로 바꾸는 해법으로 '행복나눔125'를 제시했다.

오늘 강의제목인 '감사 경영'은 '감사로 이루어 가는 성공 그리고 행복'이라는 뜻을 가지고 있다고 했고 '행복나눔125'의 중요한 한 축인 하루에 5개의 감사쓰기와 연관이 되어 있다고 했다.

'행복나눔125'란 일주일에 한 가지씩 착한 일을 하여 존경받는 나라를 만들고 한 달에 두 권의 책을 읽어 지혜로운 국민이 되고 하루에 다섯 가지씩 감사일기를 써서 행복한 사회를 만들자는 운동이라고 했다.

감사를 기업경영에 도입하여 성과를 거둔 여러 사례를 언급 했는데, 그 중 '행복나눔125' 운동을 처음 기업운영에 도입하여 성공신화를 일궈낸 포스코의 사례는 모두가 귀를 쫑긋 세우고 몰입하여 들을 만큼 충격과 감동을 주는 관심사례였다.

대표사례로 소개된 포스코ICT는 포스코의 계열사로 IT기업과 엔지니어링 기업이 합병된 회사였고 이질적인 두 회사의 문화가 충돌하다 보니 '불만회사'라는 별명이 붙을 정도로 직원들의 불만이 많아서 업무몰입도가 떨어져 경영이 많이 힘들었다고 했다.

그때 '행복나눔125' 프로그램을 도입하였고 감사행복 경영이 시작되면서 540일이 지나 3년째가 되었을 당시 43%였던 업무몰입도가 90%에 육박하는 수준까지 올라갔다. 이러한 성과로 회사의 최고경영자는 국가에서 수여하는 지식경영대상 국무총리상을 받기에 이르렀다는 설명이 이어졌다.

업무몰입도와 직원의 행복만족도가 80%를 넘는 사례는 기업에서 흔히 볼 수 없는 종교단체에서나 가능한 몰입도라는 강사의 설명에 주변에서 피식피식 웃음이 새어 나왔다.

기업의 성과향상 성공사례는 늘 타기업에서 빠르게 벤치마킹의 대상이 된다. 계열사의 감사경영 성공사례를 눈여겨 보던 모기업의 CEO가 먼저 나서서 '행복나눔125'에 관심을 가지고 회사 전체에 감사행복경영을 도입했다. 작업현장에서 설비고장율과 돌발호출건수가 현저하게 줄어든 것 뿐만 아니라, 3%대였던 품질결함율이 감사경영을 실천한지 2년도 채 되지 않아 1.8%대로 줄어들었다는 슬라이드를 보면서도 쉽게 믿어지지 않았다. 철강업계는 품질결함율 2%가 마지노선으로 여겨졌던 터라 이를 깬 신화 같은 기록이라는 설명도 빼놓지 않았다.

곧이어 일본 과자회사의 감사경영 성공사례가 소개되었다. 회사는 직원들에게 하루에 '감사합니다' 라는 말을 3천번씩 하도록 했고, 근무시간에 '감사합니다' 를 말할 수 있는 시간도 따로 주었다고 했다. 이렇게 전 직원이 감사 말하기 실천을 3개월 지속했을 때 갑자기 과자의 매출이 급상승했는데, 과자를 사먹는 사람들의 말이 '정말 맛이 좋아졌다' 는 것이다. 전폭적인 감사에너지로 만들어진 과자가 맛이 더 좋아져 매출이 증대되자 나중엔 원료가 들어오면 창고에서부터 스피커로 '감사합니다' 라는 말을 들려주었고, 모든 공정에서 스피커로 '감사합니다' 라는 말을 계속 듣게 했다는 것이다. 소비자가 그 과자를 받아들기까지 적어도 백만번의 '감사합니다' 라는 소리를 듣고 과자가 출시된다고 하니 선뜻 믿기 힘든 특별한 사례였다.

오미영 소장이 교육생을 향해 미소를 띠며 질문을 했다.

"'감사합니다' 를 3천번 말하는데 시간이 얼마나 걸릴까요?"

"두시간이요."

"1시간 30분이면 하지 않을까요?"

여기저기서 각자의 의견을 말하는데 불쑥 누군가 소리를 높여 대답했다.

"3천번은 죽어도 못합니다."

뒤쪽에서 들려온 이 말에 강의장은 웃음바다가 되었다.

그러자 강사는 '감사합니다' 를 3천번 하면 월급의 10%에 해당하는 보너스를 준다고 하면 어떨까요?"

그러자 뒤에서 다시 같은 목소리가 들려왔다.

"앗따 그럼 6천번인들 못하겠소?"

또 한번 장내는 웃음바다가 되었다.

강사는 '감사합니다' 를 3천번 하는데 보통 40분 정도 걸린다고 하면서 일본어 '아리가또 고자이마쓰' 보다 '감사합니다' 가 반 정도 짧기 때문에 하루에 3천번 하는데 걸리는 시간이 30분 정도밖에 걸리지 않을 것이라고 했다. 이 말에 일본어를 잘하는 직원 하나가 통상적으로는 '아리가또' 라고 한다고 하며 30분이 아니라 1시간은 걸리겠다고 하는 바람에 강의장은 또다시 한 번 큰 웃음소리로 들썩였다.

'감사는 □□의 시작' 이라고 쓴 화면을 보여주며 □□ 안에 어떤 단어가 들어갈 수 있는지를 우리에게 물어 보았다. 행복, 사랑, 축복, 화합 등등 온갖 좋은 단어를 다 넣어도 문장은 아름답게 완성이 되었다.

그 때 뒤에서

"감사는 고난의 시작입니다." 라는 말이 들려왔다.

강사가 의아해하며 왜 감사가 고난의 시작인지를 물었다.

"강사님이 잘 모르시나본데 감사실 감사 한 번 지대로 받아보세요. 완전히 죽쑵니다."

감사를 받을 때의 애로사항을 아는 직원들이 여기저기서 동의한다는 듯 고개를 끄덕였다.

"아, 그런 감사도 있었군요. 그런 감사는 저도 사양해야 할 것 같은데요."

강사가 웃으며 슬라이드 화면에서 가려진 ㅁㅁ를 없애자 행복이라는 단어가 나타났다.

"네, 그렇습니다. 감사는 행복의 시작입니다. 어떤 사람들은 '행복의 문을 여는 열쇠'가 감사라고 말합니다. 여러분, 이 분이 누구인지 아시겠어요?"

"오프라 윈프리요."

화면에 오프라 윈프리의 사진과 함께 왼쪽에 5개의 감사일기가 쓰여 있었다.

"네, 맞습니다. 오프라 윈프리를 지칭하는 수식어를 살펴보니 '세계에서 가장 바쁜 여성', '세계에서 가장 돈을 많이 버는 여성', '세계에서 가장 영향력 있는 여성'이라고 하더군요. 이런 평가에 이견이 있으신가요?"

"지금의 오프라 윈프리를 보면 이와 다른 이견을 달 사람이 없을 것입니다. 그런데 여러분! 오프라 윈프리의 과거가 행복과 아주 거리가 먼 삶이었다는 사실을 아시는지요?"

교육생 중 몇몇이 강사의 말에 오프라 윈프리의 스토리를 알고 있다는 듯이 고개를 끄덕였다.

"네, 맞습니다. 오프라 윈프리는 태어나면서부터 행복보다 불행한 삶을 살기로 예정된 사람처럼 보입니다. 오프라 윈프리의 아버지는 오프라 윈프리가 뱃속에 있을 때 아내를 떠났습니다. 미혼모인 엄마의 품에서조차 자라지 못한 그녀는 외할머니의 손에서 어린 시절을 보내게 됩니다. 그 후로도 불행은 계속 이어져 14살의 어린 나이에 외삼촌에게 성폭행을 당해 아이를 임신하게 되었고 아이를 낳았으나 2주만에 죽게 됩니다. 그 충격으로 자살을 시도하기도 했고 결국 마약중독자가 됩니다. 폭식으로 몸무게가 100kg이 넘었던 적도 있었습니다. 그 당시 이런 오프라 윈프리에게 행복한 삶에 대한 희망이 있었을까요?"

오미영 소장은 우리를 바라보며 질문했지만 아무도 선뜻 대답하지 않았다. 교육생들 모두 그녀에게 희망이 있다고 생각하지 않는 듯 했다. 오미영 소장은 그런 반응을 예상했다는 표정으로 강의를 이어갔다.

"그런데 그녀의 삶에 한 가닥 희망의 시작이 되는 사건이 일어났습니다. 무책임하게 자신을 떠났던 친아버지를 다시 만나 살게 되면서 그녀의 인생에 변화가 시작되었습니다.

희망이라고는 찾아보기 힘들었던 오프라 윈프리에게 어떤 일이 있었기에 지금은 전 세계인의 존경을 받는 위대한 삶을 살고 있는 것일까요?

다시 만나게 된 아버지는 예전의 무책임한 아버지가 아닌 신앙으로 새롭게 변화된 사람이었습니다. 부모 없이 온갖 고생을 하며 희망 없는 삶을 살아왔던 오프라 윈프리를 사랑으로 감싸 안아주며 감사 훈련을 시키기 시작했습니다.

많은 사람이 오프라 윈프리에게 '당신의 성공비결이 무엇이냐?' 고

물었을 때 오프라 윈프리는 이들에게 많은 책을 읽었던 것과 30여년 동안 매일 저녁 잠자기 전에 쓴 5가지 감사일기가 지금의 자신을 만들었다고 말하고 있습니다."

감사를 통해 불행을 행복과 성공으로 바꾸었다는 이야기를 할 때 오프라 윈프리의 사진이 환하게 웃는 표정으로 바뀌었다.

나는 슬라이드 안에 적혀 있는 오프라 윈프리의 5가지 감사일기를 바라보았다.

오프라 윈프리의 5 감사

1. 오늘도 거뜬하게 잠자리에서 일어 날 수 있어서 감사합니다.
2. 유난히 눈부시고 파란 하늘을 주셔서 감사합니다.
3. 점심 때 맛있는 스파게티를 먹어서 감사합니다.
4. 얄미운 짓을 한 동료에게 화내지 않고 참을 수 있었던 나 자신에 감사합니다.
5. 좋은 책을 읽었는데, 그 책을 써준 작가에게 감사합니다.

우리가 늘 당연하다고 생각하면서 스쳐 지나가는 일상에 대해 그녀는 감사하다고 쓴 것이다.

"여러분, 오프라 윈프리의 감사일기에 특별한 내용이 있나요? 이런 감사일기라면 우리도 쓸 수 있지 않을까요? 중요한 것은 매일 쓰는 감사일기를 통해 매순간 자신의 삶을 긍정에너지로 이끌었고, 그러한 감사의 지속적인 힘이 결국 오프라 윈프리를 세계적으로 영향력을 끼치는 토크쇼의 여왕으로 만들어 준 것입니다."

그 밖에 몇 명의 감사일기를 통해 자신의 삶을 변화시킨 사람들의 사례를 들려 주었는데 심한 불화를 겪고 이혼과 결별 등 가족이 해체될 위기를 겪고있는 사람들이 감사를 쓰고 표현하면서 가정이 회복되고 본인들이 행복해졌다는 감동의 사례들이 이어졌다.

각각의 상황이 좋지는 않았으나 감사를 실천하며 변화가 되었다는 사례를 중심으로 진행된 강의여서인지 공감도 갔고, 무엇보다도 지금의 내 상황이 강의내용에 오버랩 되니 나도 모르게 강의 속으로 빠져 들어갔다.

"여러분은 가정이 행복해지기를 원하시죠?"

오미영 소장이 강의에 집중하고 있는 모두를 둘러보며 물었다.

"내가 변해야 가정이 변하고 행복을 이룰 수 있습니다. 누군가가 변하길 원하신다면 이곳에 계신 여러분이 먼저 변해야 합니다."

이제까지와 사뭇 다른 단호한 어조로 '여러분' 이라고 말하는 순간, 강사의 팔이 가제트의 팔처럼 길어지는듯 내 머리를 탁 치는 것 같은 느낌과 동시에 정신이 번쩍 들었다. 마치 나를 향해 '네가 변해야 해 이놈아' 라고 지목하여 말을 하는 것 같았다.

강의가 진행되는 동안에도 '내가 변해야 된다' 는 말만이 계속해서 머릿속에서 맴돌았다.

강의 후반부에 들어서자 강사는 감사쓰기 체험시간을 진행하면서 우리 모두가 감사를 오롯이 표현할 수 있는 대상인 어머니에 대한 감사편지를 써 보자고 했다.

이미 강의 내용에 공감하고 있는 우리는 감사쓰기에 자연스럽게 동참했다.

강의장 스피커에서 'Mother of mine' 음악이 흘러나오고 감사편지지에 어머니에 대한 감사를 하나씩 써 내려가다 보니 어머니와의 소중한 추억들이 생각나고 어느새 나도 모르게 눈물이 흘러나왔다.

나이 40이 넘어 회사에서 교육을 받다가 울고 있는 내 자신이 당황스럽고 창피할 만도 한데 주위를 둘러보니 나만 울고 있는 것이 아니었다. 어머니에 대한 감사편지를 쓰면서 눈물을 흘리며 사람들의 훌쩍이는 소리가 여기저기에서 들려왔다. 일부는 어머니에 대한 감사편지를 쓴다는 생각만으로도 눈물이 쏟아질것 같아서인지 뚫어져라 편지지만 바라보며 한 줄도 쓰지 못하는 사람들도 눈에 띄었다.

특히 여성 지점장들은 자신들도 어머니의 입장이라서 그런지 어머니에 대한 감사일기를 쓰며 주체하기 힘들 정도로 눈물을 흘렸다. 교육을 받으며 울음바다가 되는 생소한 상황이 다소 당혹스럽기도 했지만, 내면의 감사가 글로 쓰여지는 소중한 경험이었기에 우리 모두는 자신도 모르게 감사쓰기에 몰입했다.

시간이 충분히 주어지지 않았기 때문에 나눠 준 편지지를 다 채우지는 못했지만 대부분 20~30가지의 감사를 쓴 것 같았다. 이후에 어머니에 대해 작성한 감사편지의 내용을 나누는 시간이 이어졌다. 읽는 사람도, 듣고 있는 사람도 모두 눈물을 흘리며 어머니가 얼마나 소중한 존재인지 느끼고 깨닫는 시간이 되었다.

감사쓰기를 하면서 울컥해진 감정을 추스르고 나니 오미영 소장은 '감사'는 긍정의 에너지를 가지고 있으며 간단한 실험으로 감사의 긍정에너지를 경험할 수 있을 것이라고 했다.

팀별로 앉아 있는 테이블에 투명한 병을 나누어 주고 식당에서 가져온 밥을 담아서 두개씩 가져가라고 했다. 두개의 스티커를 나누어 주며 병에 붙이라고 했다. 스티커에 '감사합니다'와 '저주합니다'라는 단어가 적혀 있었다.

각 지점의 직원들이 잘 볼 수 있는 곳에 놓아두고 밥이 어떻게 변하는지 실험을 해 보라는 것이다. 결과가 밥 실험보다 늦게 나타나서 인내심을 필요로 하지만 양파나 고구마실험을 병행하면 좋은 체험사례가 될 것이라는 이야기를 하면서 지금부터 바로 실천하는 것이 가장 중요하다는 당부도 빼놓지 않았다.

회사에 근무하면서 긍정마인드 교육도 많이 받아 보았고 직무와 관련된 영업스킬 교육도 많이 받았지만 오늘처럼 내 마음을 흔들어

놓은 이런 강의는 처음이었다.

세상에서 가장 어려운 일은 흔들리는 사람의 마음을 내게로 끌어와서 머물게 하는 것이라는 글귀를 읽은 적이 있다. 오늘 그런 상황이 벌어진 것이다. 흔들리는 마음들을 모아서 감사에너지로 하나가되게 하더니, 끝내 진한 여운으로 감사를 써내려가게 한 것이다. 감사로 인생이 바뀌는 주인공이 내가 될 수만 있다면 매일 감사쓰기를잘 할 수 있을 것 같았다.

휴식 시간이 지나고 오미영 소장은 감사쓰기 시스템에 대해서도설명을 해 주었다.

"감사가 성과로 이어지기 위해서는 지속성이 중요합니다. 어떤 조직이든 의식이 긍정적으로 반응하여 곧바로 실행하는 인원은 평균적으로 20% 가량 됩니다. 여기에 일정시간이 또 지나면 20%의 20%정도만이 그 행동을 지속하게 됩니다. 즉 4% 정도만 실천을 지속한다는 의미입니다."

맞는 말이었다. 지점장이 아무리 목이 터져라 성공적인 영업 스킬을 알려 주고 최선의 지원을 약속하고 실천하라고 해도 모든 영업가족들이 잘 따라오는 것은 아니었다. 아무리 그래도 긍정적 반응의 지속률이 4%라니 이건 조금 충격적인 비율이란 생각이 들었다.

"그래서 감사쓰기 시스템을 도입하여 온라인 상에서 감사쓰기를실천하고 지점 내의 영업가족 상호간 댓글을 달 수 있는 기능을 통해서로 윈윈하는 에너지로 감사쓰기를 정착시키려고 합니다."

화면에서 실제 온라인 감사쓰기 시스템에 접속하여 로그인을 하고 감사쓰기를 하는 시연이 이어졌다.

감사쓰기를 할 수 있는 화면은 심플하게 구성되어 있었다.

전면에 소속된 팀원들의 감사쓰기 내용이 순서대로 올라와 있었고 해당 글을 클릭하면 그날의 상세한 감사일기 내용을 볼 수 있었다. 작성자의 글 하단에 박스가 있어 읽은 사람이 댓글을 달 수 있도록 해 놓았다.

"강사님, 그런데 왜 굳이 감사쓰기를 강조하시는 건가요? 감사는 생각을 할 수도 있고 말을 할 수도 있고 여러 가지가 있을텐데 '쓰기'를 강조하시는 특별한 이유가 있나요?"

다른 사업부에서 왔는지 처음 보는 직원이 강사에게 질문을 했다.

"네, 좋은 질문을 해 주셨네요. 말씀하신대로 감사를 하는 것이 중요합니다. 감사는 생각할 수도 있고 말할 수도 있습니다. 그럼에도 감사쓰기를 강조하는 것은 감사실천의 지속성을 비롯한 여러가지 중요한 이유 때문입니다.

'감사 생각하기'를 먼저 살펴보도록 하죠. 생각은 본인의 의지만 있으면 가능합니다. 따라서 언제든지 마음만 먹으면 할 수 있는 일이기도 하구요. 그러나 생각은 내 안에만 갇혀 있기 때문에 늘 남들과 공유되지는 않습니다.

생각을 언어로 표현한 것이 '감사 말하기'입니다. 언어는 많은 힘이 있습니다. 우리 속담에 '말 한 마디로 천냥 빚을 갚는다'고도 하지 않습니까? 사람을 살리는 힘이 있기도 하고 반대로 사람을 죽이는 힘이 있기도 합니다.

언어의 표현은 생각과 동시에 일어납니다. 이것은 아주 큰 장점이 되기도 하지만 정리되어 전달되지 않을 경우 생각하지 않았던 문제가 발생하기도 하지요. 또한 언어가 가지는 장점 중 하나가 상호성이 뛰어나다는 것입니다. 상대와 말을 하면서 바로 상호작용을 일으키는 것이지요. 그러나 상호작용도 위험성은 존재합니다. 누군가 부정적인 반응을 보이면 긍정의 언어로 시작해도 상대의 언어에 의해 간섭을 받는다는 것입니다. 또한 언어가 가진 한계는 전달하고 나면 주워 담을 수 없다는 것입니다."

오미영 소장은 모든 교육생이 이해했는지를 살펴보기 위해 강의장 전체를 한 바퀴 둘러보고 나서 강의를 이어갔다.

"이번에는 '감사쓰기'에 대해서 살펴보도록 하겠습니다. 감사를 말하거나 감사를 쓰려면 생각을 먼저 해야 합니다. 여러분의 경험을 떠올려 보시죠. 여러분은 말을 할 때와 쓰기를 할 때 언제 더 많은 생각을 하시나요?"

강사의 질문에 대답하는 사람은 없었다. 하지만 고개를 끄덕이는 것으로 쓰기를 할 때 더 많은 생각을 한다는 것에 동의했다.

"우리는 무언가를 쓸 때 차분하게 생각을 정리해서 쓰게 됩니다. 또한 글을 써 놓고 다듬는 작업을 거치기 때문에 생각이나 말하기보다 좀 더 완성된 표현이 나옵니다. 감사를 통해 얻고자 하는 것이 감사의 확대라는 측면도 있겠지만 감사를 통해 행복한 삶을 시작하자는 측면이 더욱 강합니다. 말로 한 것은 들은 사람의 기억 속에만 존재하지만 글로 써 놓은 것은 문장으로 남는 특징이 있습니다. 그리고 앞에서 이야기한 남의 생각에 간섭을 받지 않기 때문에 본인의 생각을 온전히 남길 수 있다는 장점이 있는 것입니다.”

내가 손을 들고 강사에게 질문했다.

“말씀을 들으니 이해는 갑니다. 그럼 감사쓰기는 본인이 쓰고 싶은 대로 쓰기만 하면 되는 건가요? 아니면 잘 쓰는 방법이 있는 건가요?”

“제가 다음으로 그 말씀을 드리려고 했는데 어떻게 미리 알고 질문을 하셨어요? 저와 파트너가 되어 강의 진행을 하시면 많은 힘이 될 것 같은데 어떠세요?”

‘나도 저 사람처럼 감사 같은 걸 강의하면서 살면 얼마나 행복할까?’ 하는 생각을 하고 있었기에 뭔가를 훔치다 들킨 사람처럼 화들짝 놀랐지만 짐짓 태연한 척 했다.

“우리 회사의 감사쓰기 시스템에서 제일 중요한 것은 매일 5개의 감사를 찾아내고 감사쓰기를 하는 것입니다. 굳이 5개의 감사를 강조하는 이유를 설명드리자면 5라는 숫자가 목표로 주어져 달성하고자 하는 욕구를 자극하기 때문입니다. 하루에 5개의 감사가 무슨 효과가 있을까 생각하시는 분들도 있겠지만 낙숫물의 효과를 아시는 분들은 충분히 이해하실 거라고 생각합니다. 바위 위에 물이 떨어진다고 해서 바위가 뚫어지겠습니까? 바위가 물보다 단단하기 때문에 물이 튕겨 나가게 되지요. 하지만 한 곳에 계속해서 물이 떨어지는 경우 어떤 일이 벌어지게 될까요?”

"바위가 뚫버집니다."

사투리 섞인 소리로 대답을 하자 진지했던 강의장에 일제히 폭소가 터져 나왔다.

"그렇습니다. 바위가 뚫버지게 됩니다. 감사쓰기도 이와 마찬가지입니다. 하루 하루의 감사쓰기는 인생에 어떤 큰 변화를 가져오지 못하는 것처럼 보일 수 있지만 매일 쓰는 5개의 감사가 모이면 물이 바위를 뚫는 것처럼 긍정적 영향을 미쳐 우리의 삶을 행복으로 인도하게 됩니다.

여러분도 잘 아시는 산악인 엄홍길 대장은 '꿈을 향해 거침없이 도전하라' 라는 책에서 티베트 승려의 이야기를 써 놓았습니다.

중국이 티베트를 점령하는 시기에 인도에서 사람들을 놀라게 하는 사건이 발생했습니다. 티베트에서 중국의 침략을 피해 달아난 승려한 명이 히말라야를 넘어 인도에 도착한 것이지요. 산악인들도 쉽게 정복하지 못하는 히말라야를 전문산악인도 아닌 승려가 홀몸으로 어떻게 넘을 수 있었느냐가 화제가 되었습니다.

서방의 기자 한 명이 승려에게 '어떻게 히말라야를 넘어 왔느냐' 고 물었습니다. 이 때 승려의 한 마디는 상당히 의미심장합니다.

'한 걸음씩 걸어 왔습니다.'

그렇습니다. 천리길도 한걸음부터이고 히말라야도 결국은 한걸음부터입니다.

이는 지속적으로 하는 것의 힘을 보여주는 단적인 예입니다.

하루에 다섯 가지씩 감사한 일을 적어 간다면, 1달이면 150개의 감사를 적게 될 것이고, 1년이면 1,825개의 감사를, 10년이면 18,250개의 감사한 일을 적게 될 것입니다.

　하루 다섯 개의 감사는 대수롭지 않을지 모르지만 꾸준히 쌓으면 놀라운 일을 만들어 내게 됩니다.

　결국은 행복한 삶을 사는 것도 한 걸음씩 감사를 쌓아가면서 만들어 가는 것 아닐까요?"

　오미영 소장은 진지한 표정으로 강의장에 있는 한 명 한 명과 눈을 마주쳤다.

　본부의 지원팀장인 김동식 팀장이 손을 들고 질문했다.

　"좋은 말씀입니다. 감사를 하면 좋다는 것을 잘 알겠습니다. 그런데 조직이 실천하는데, 다른 어려움은 없을까요? 우리 회사 같은 경우 표준활동지침을 만들어 영업조직이 이것을 CRM시스템에 입력하도록 하고 있는데, 감사쓰기가 표준활동에 포함되지 않으면 각 점포에서 관리하기가 어려울 것입니다. 더욱이 영업조직은 말처럼 관리하기가 쉽지 않습니다."

　"저도 그 말씀에 전적으로 공감합니다. 평소 안 하던 것을 실천하려면 많이 어색하겠지요. 그리고 전체 조직이 함께 하는 것도 쉽지 않을 것이고요. 오늘 관리자들을 먼저 교육시키는 이유도 여러분이 이 원리를 잘 이해하고 먼저 감사의 효과를 경험해야 하기 때문입니다. 그런 다음에 여러분이 교육을 통해 경험한 감사의 효과를 사업부와 각 지점에 전파하는 땡큐베이터(Thankubator)의 역할을 해 주서야 합니다.”

땡큐베이터라고?

강사는 땡큐(Thank you)와 인큐베이터(incubator)의 합성어라고 설명을 해 주었다.

'땡큐베이터'는 땡큐, 즉 감사를 만들어 내는 시스템, 또는 사람이라는 뜻이라고 했다.

오늘 강의를 해 준 오미영 소장의 역할도 땡큐베이터라고 했다. 오미영 소장은 회사 전체에 감사를 전파하고 활성화시키는 역할을 하는 것이고 우리는 사업부와 지점 내에서 감사를 실천하면서 전파하는 역할이 조금 다를 뿐이라고 설명했다.

지금의 어려운 이 상황에 누구라도 좋으니 감사쓰기와 실천으로 여건이 좀 나아지면 정말 좋겠다는 생각이 들었다. 부끄럽게도 내가 아닌 누군가의 변화를 먼저 생각하면서 강의를 듣고 있는데, 이런 내 생각을 알고 있기라도 하듯 지금 이 교육이 끝나면 곧바로 영업가족 교육이 진행될 것이라는 강사의 설명이 이어졌다.

오미영 소장은 강의를 마무리하며 '행복이란?' 글자 밑에 세로로 'HAPPY'라고 쓴 화면을 보여 주었다. 각 대문자 옆으로 영어 단어가 이어지며 HAPPY가 의미하는 5개의 단어가 만들어졌다.

행복이란?

Habit
Appreciation
Pleasure
Present
Your-self

"행복을 뜻하는 HAPPY라는 단어로 이렇게 만들어 봤습니다. 하나씩 읽어 보도록 하죠. 첫 번째 글자인 H는 습관을 뜻하는 Habit입니다. A는 Appreciation, 즉 감사이구요. P는 두 개가 나오는데 앞에 있는 P는 Pleasure로 즐거움이 되고 뒤에 있는 P는 Present 현재를 의미합니다. 마지막으로 Y는 Your-self 당신 자신이 됩니다. 이를 연결해 보면 '행복이란 지금 당신이 즐겁고 감사한 습관을 가지는 것'이라고 이야기할 수 있습니다.

아무리 좋은 조건이 주어져도 우리가 그것을 감사하게 느끼지 못하면 우리는 행복과 거리가 멀어질 것입니다. 하지만 어떤 상황에서도 주어진 상황에 감사할 수 있는 사람은 행복한 사람이라고 생각합니다. 오늘은 여기까지 말씀드리겠습니다. 저의 강의를 잘 들어주시고 적극적으로 참여해 주셔서 감사합니다."

오미영 소장의 강의가 끝나자 강의장에서 우레와 같은 박수가 터져 나왔다.

나만 오미영 소장의 강의에 감동을 받은 것이 아닌 모양이었다.

그날 그렇게 감사는 나에게 강력한 울림으로 다가왔다.

사람들은 무의식적으로 감사보다는 불평을 선택하며
살아가고 있습니다. 감사가 좋다는 것을 인식하고 감사한 생활을
해 보려고 노력하지만 지금껏 습관처럼 되어 있던 불평이 먼저 튀어
나오는 경험을 누구나 했을 거라고 생각합니다.

B와 D 사이에
있는 C
[선택의 원리]

03

B와 D 사이에 있는 C
(선택의 원리)

인생은 B(birth)로 시작해서 D(death)로 끝난다.
다행(多幸)스러운 것은 신은 B와 D 사이에 C(choice)를
주셨다는 사실이다.

– 사르트르 –

· · ·

　　　　아침에 출근 준비를 하면서 아내와 한마디 말도 하지 않았다. 어제 아침에 소리를 지른 여파인데 며칠동안 냉각기가 이어질 것 같다.

어제 강의에서 들었던 '감사는 선택이다' 라는 말이 생각났다.

감사하기 힘든 상황에서도 감사를 선택할 수 있어야 한다는 말은 쉽게 공감이 되지 않았다.

지금 내가 처한 상황에서도 감사할 것이 있단 말인가?

회사에서 실적은 곤두박질치고 이번 승진은 물 건너간 지 오래 되었고 잘못하면 회사를 그만두어야 할지도 모른다.

아내와 관계도 외줄타기를 하듯 아슬아슬하게 유지만 하고 있는

상황이다.

경제적으로 숨쉬기 힘들 정도의 이자를 감당하는 부담이 컸고 아내 몰래 사용한 대부업체의 독촉도 만만치 않았다.

아침 조회를 마치고 오전업무를 정리하고 난 뒤 입사동기이며 사업부의 지원팀장인 이선수 팀장을 찾아갔다.

"이팀장 바빠? 커피 한 잔 할 시간 있나?"

"응, 좋지. 그런데 무슨 일 있어? 어제는 안색이 많이 안 좋아 보이던데."

"내가 요즘 낙이 없다. 일이 잘 되는 것도 아니고 집안일이 잘 풀리는 것도 아니고 게다가…"

나는 자세한 이야기를 하려다가 말을 얼버무리며 그만 두었다.

"허참, 천하의 성지점장이 이렇게 풀이 죽어 있는 모습을 다 보이다니… 참, 어제 오미영 소장인가 하는 사람 말이야, 정말 대단한 것 같지 않아? 어떻게 그렇게 사람의 마음을 흔들어 놓는 강의를 할 수 있을까? 우리 영업가족을 그렇게 감동시킬 수 있다면 충정로사업부가 전국 1등 하는 것은 문제없을 텐데 말이야."

"그러게나 말이야, 나도 이팀장과 그 얘기를 조금 더 해보고 싶어서 온 거야. 이팀장은 요즘 감사를 선택할 수 있는 상황이 되나?"

"불평을 선택하라고 하면 차라리 쉽겠다. 요즘같이 숨 막히게 실적에 대한 압박에 시달리고, 더구나 시장 상황이 전혀 받쳐주지 않는데 감사는 무슨 감사야."

"자네도 그렇구만. 사실은 나도 그렇게 생각했어. 그런데 오미영 소장이 한 이야기가 틀린 말이 아니란 생각이 들더군. 어떻게 하면 감사를 선택해서 행복한 삶을 살아갈 수 있는지에 대한 궁금증 같은 게 생기더라구."

"성지점장도 그랬군. 우리끼리 고민하지 말고 오미영 소장을 한 번 만나보면 어떨까? 사무실도 여기서 가깝잖아. 어제 궁금한 것이 있으면 언제든지 방문해도 좋다고 했으니까."

"그럴까?"

우리는 함께 오미영 소장을 만나보기로 했다.

손해보험업계 2위를 달리는 우리 회사는 우리 본부가 시범적으로 감사운동을 전개한 이후에 성과를 지켜보고 나서 다른 본부로 확산시켜 나가기로 방침이 정해져 있었다.

감사운동 시범운영 기간이라 현재는 본부 차원에서 감사운동을 진행하고 있지만 전체로 확대될 예정이기에 감사행복연구소의 사무실은 본사에 마련되었다.

다행히 우리 사업부는 본사와 걸어서 2~3분 거리에 있었기 때문에 감사행복연구소에 가보자고 쉽게 나설 수 있었다.

"이팀장 본사 근처에서 근무하는 것도 복이란 생각이 드네. 본사에 가서 업무를 하는 데 시간적으로 전혀 부담이 없잖아."

"누가 아니래. 자네도 경험해 봤지만 지방 근무할 때는 상상도 못하는 일이지. 그럼 이것도 감사한 일이라고 해야 하는 건가?"

"그러게나 말일세 하하하."

둘이 본사를 향해 걸어가고 있을 때 후문 쪽에서 어제 강의를 한 오미영 소장과 마주치게 되었다. 나는 반가운 마음에 오미영 소장 앞으로 다가서며 인사를 했다.

"오미영 소장님 안녕하세요?"

"아! 안녕하세요? 어제 강의장에서 뵈었던 충정로사업부의 지점장님 맞죠?"

"아~ 네, 기억력 좋으시네요."

"어제 만났는데 기억을 못하면 그게 문제 있는 것 아닌가요? 더군다나 강의 중 저랑 파트너가 되면 좋겠다는 말도 주고받은 걸로 기억하는데요?"

"하하하 그런가요?"

"본사에 볼 일이 있으신 모양이죠?

"네, 아주 중요한 일이 있어서 왔습니다. 어제 강의에 참여하고 궁금한 것이 있어서 소장님을 만나 뵈려고 오는 길입니다. 소장님 잠깐 시간 내 주실 수 있으신가요?"

"물론이죠. 제가 하는 일이 바로 이런 일인데요. 얼마든지 가능합니다. 일단 사무실로 올라 가시죠."

본사 사옥 15층에 마련한 사무실에 들어서니 본부 내 각 사업부별 진행상황과 교육일정표가 한 눈에 들어 왔다.

오미영 소장이 갓 내린 향 좋은 커피를 한잔씩 건네주며 미팅테이블에 앉았다.

권해주는 자리에 앉아 명함을 받아드니 어제 강의 때 들었던 '땡큐베이터' 라는 용어가 먼저 눈에 들어왔다.

H화재보험
감사행복연구소
(137-896) 서울특별시 종로구 세종대로 163
전화 (02)234-5678 팩스 (02)234-5679 휴대폰 010-1234-5678

땡큐베이터 **오 미 영**
E-mail : emotionfull@naver.com

"어제 인사를 드리기는 했지만 정식으로 다시 인사드립니다. 감사행복연구소의 오미영 소장입니다."

"저는 충정로사업부의 로얄지점을 담당하고 있는 성병욱 지점장이라고 합니다."

"저는 같은 사업부의 지원팀장을 맡고 있는 이선수 팀장입니다."

"어제 소장님의 강의는 정말 인상적이었어요. 아니 충격적이라는 표현이 더욱 적합할 것 같네요. 저만 그렇게 생각하는 줄 알았는데 오늘 오전 이팀장하고 이야기를 나누다 보니 저와 같은 생각을 하고 있기에 함께 소장님을 찾아 가자고 의기투합하게 되었지요. 요지를 말씀드리자면 저희가 소장님 강의를 들은대로 감사를 통해 행복의 문을 열어보고 싶은 마음이 있는데 소장님께 자문을 구해도 되겠습니까?"

"호호호 그러셨어요? 당연한 말씀입니다. 회사에서 감사행복연구소를 만든 목적이 바로 그것 때문인걸요. 그런데 무엇 때문에 그렇게 충격적이었는지 물어봐도 될까요?"

내가 어제 강의에 대해 느낀 소감으로 말을 꺼내자 오미영 소장은 어떤 점이 인상적이고 충격적이었는지를 내게 물었다.

"감사라는 단어는 참 우리에게 익숙한 단어였습니다. 얼마 전에는 개그 프로그램에서 개그맨들이 '감사합니다'를 연발하니까 남녀노소 온 국민이 '감사합니다'를 흥얼대면서 따라 부르기도 했고요. 우리 아들은 학교에서 학부모 참관수업 때 발표한다고 '감사합니다'를 노래로 만들고 춤까지 만들어 연습을 하더라구요. 그런 상황을 보면서도 감사를 실천하는 것이 어제 보여주신 것과 같은 놀라운 힘이 숨어 있다는 생각조차 못하고 지금까지 살아왔습니다.

그러자 옆자리에 앉아 있던 이팀장도 맞장구를 치며 한마디 거들고 나섰다.

"어제 강의 중 무엇보다도 오프라 윈프리나 넬슨 만델라 같이 세계적으로 유명한 분들이 감사쓰기를 통해서 그 불행한 상황들을 극복했다는 점이 무척 인상적이었습니다. 특히 양파나 고구마에 감사를 써놓고 말만해도 성장에 큰 영향을 받는데, 하물며 사람에게 적용하면 어떻게 되겠느냐는 말씀을 하실 때 저를 향해 콕 찍어서 말씀하시는 것 같아 부끄럽기도 하고 반성도 많이 했습니다."

"저도 그랬습니다. 저는 영업조직을 맡고 있기 때문에 마감일이 되면 신경이 날카로워지죠. 실적이 좋으면 그렇지 않은데, 실적이 예상에 못 미치면 긍정적인 언어보다 부정적이고 자극적인 언어를 많이 쓰기도 합니다. 평소 잘 해주는 것에 감사하기보다 잘 안되고 못하는 것에만 초점을 맞춰 원망하고 불평하기 일쑤였거든요."

"이렇게 두 분이 오셔서 감사강의에 대한 피드백을 주시고 마음 속 깊은 이야기를 해 주시니 정말 감사합니다."

"무슨 말씀을요. 우리가 감사하죠. 감사라는 익숙한 단어를 통해 감동도 받고 마음이 따뜻해지는 경험을 소장님께서 우리에게 주셨으니까요."

나도 모르게 이팀장도 나와 같은 의견일 것이라고 생각하며 '우리'라는 표현을 사용했다.

오미영 소장이 가져다 준 커피는 갓 내린 것이라 따뜻하고 맛도 일품이었다. 나는 다 마신 커피잔을 탁자 위에 내려놓으며 다른 질문을 했다.

"그런데 소장님, 감사가 좋다는 것은 누구나 알고 있는데 사람들이 감사를 제대로 실천하지 못하는 것은 나름대로 이유가 있지 않을까요?"

이팀장도 나를 거들며 자신이 경험한 영업현장의 상황을 떠올렸다.

"맞아요. 실적이 잘 나올 때는 감사하기가 쉬운데 실적이 안 나오는 상황에서 감사를 생각하기란 쉬운 일이 아니죠."

"맞습니다. 영업이 안 되는 상황에서 감사하기란 결코 쉬운 일은 아니지요. 그럼 영업이 안 되는 상황이라면 불평할 일만 있게 될까요?"

이팀장이 대답했다.

"아무래도 그렇지 않겠습니까?"

"제가 이야기를 하나 들려드릴게요."

"네~."

우리는 말 잘 듣는 학생이 된 듯 입을 모아 동시에 대답했다.

"작가이자 동기부여 강연가로 유명한 노먼 빈센트 필 박사가 어느 날 열차를 타고 여행을 하는데 맞은편에 중년의 부부가 앉아 있었답니다. 맞은편에 앉아 있던 부부 중 부인은 계속해서 불평을 쏟아내고 있었습니다. '좌석이 불편하다', '청소가 되지 않아 냄새가 난다', '시트가 더럽다', '승무원이 불친절하다' 라고요. 그 때 그 옆에 앉아 있던 남편이 무안해하면서 필박사에게 자신은 변호사이고 자신의 아내는 제조업자라고 소개를 했습니다. 필박사가 어떤 제조업을 하는지 묻자 남편이 대답했습니다. '저의 부인은 어떤 상황에서도 항상 불평을 만들어 내는 불평 제조업자입니다'."

"아하, 언젠가 책에서 본 적이 있는 것 같습니다."

"여기에서 중요한 것은 그 변호사의 부인이 왜 끊임없이 불평을 쏟아내고 있었나 하는 겁니다."

"부인의 기대수준이 너무 높기 때문 아닐까요?"

"그렇게 생각하실 수도 있겠네요."

"제 생각에는 부인이 불평하는 것은 거의 습관처럼 이루어지고 있는 것 같습니다."

"네 좋습니다. 그럼 습관이라고 하는 것은 갑자기 우연한 과정을 통해 생기게 될까요?"

"아뇨. 그렇지 않습니다. 어떤 행동이 지속적으로 반복될 때 습관이 되곤 하죠."

"네. 바로 그겁니다. 어떤 행동이 지속적으로 반복된다고 하셨는데, 어떤 행동은 누가 결정할까요?"

"본인 자신 아니겠어요?"

"그렇지요. 바로 본인이 그 행동을 선택하는 것이죠. 저는 감사도 불평도 마찬가지로 자신이 선택하는 것이라는 생각을 늘 하고 있답니다."

이팀장과 오미영 소장의 대화를 들으면서 나는 생각했다.

'선택이라고? 그럼 내가 지금 처해있는 이 상황도 내가 선택했다는 말인가?'

왠지 불편한 마음이 올라왔지만 꾹 참고 오미영 소장에게 다시 질문을 했다.

"소장님 누가 나쁜 상황을 선택하고 싶겠어요?"

"좋은 지적이에요. 저는 이미 벌어진 상황을 말씀드리는 것이 아니고 상황에 대한 개개인의 반응에 대한 것을 말씀드리고자 하는 겁니다."

'상황에 대한 반응?'

"아까 예를 들어 말씀드렸던 이야기로 가 보도록 하죠. 열차를 이용하면서 지저분하다거나 의자가 불편하다는 기준은 누가 만들죠?"

"본인이겠죠. 하지만 누가 보더라도 지저분하거나 불편할 수도 있지 않습니까?"

"물론입니다. 지점장님 말씀하신 것과 같이 절대적인 기준이 분명 있겠지요. 하지만 누가 보더라도 깨끗해 보이고 편해 보이는 의자가 있고 그러한 시설이 완전하다고 해서 모든 사람이 다 만족하고 아무런 불평을 하지 않을까요?"

"아! 무슨 말씀을 하시려는지 알겠어요. 절대적인 기준 말고도 본인이 느끼는 상대적인 기준이 따로 있다는 말씀이시죠? 그리고 그것은 본인의 선택에 달려 있는 거구요."

"역시, 제가 하고 싶은 이야기의 핵심을 간파하셨군요."

오미영 소장은 식어버린 커피를 한 모금 마시며 이야기를 이어갔다.

"우리 속담에 '콩 심은데 콩 나고 팥 심은데 팥 난다'는 말이 있잖아요. 이와 마찬가지로 감사를 심으면 감사의 열매가 나오고 불평을 심으면 불평의 열매가 나오지요. 하지만 어떤 상황에서도 감사를 선택하거나 불평을 선택하는 것은 본인의 의지, 즉 선택이라는 것입니다."

"그러니까 상황이 똑같다고 하더라도 빨간색 선글라스를 끼고 그 상황을 보느냐 파란색 선글라스를 끼고 그 상황을 보느냐에 따라서 차이가 난다는 의미이시군요."

이팀장이 이해가 간다는 표정을 지으며 이야기를 하자 오미영 소장이 빙그레 미소를 지으며 말을 이어간다.

"좀 더 이야기를 나누어 볼까요? 선택은 '의식화'라는 과정을 거칩니다. 사람들이 어떤 행동을 하는데 초반에는 의식적인 노력이 필요하지만 익숙해지면 의식하지 않아도 가능한 단계가 됩니다. 무의식에서도 익숙하게 반복했던 선택을 하는 거지요."

"의식화라는 단어가 등장하니까 대학에 들어가 선배들에게 의식화 교육을 받던 생각이 나는데요?"

내가 의식화에 대한 추억을 이야기하자 모두 한바탕 웃음으로 받아주었다.

"성지점장님! 혹시 운전면허를 처음부터 자동변속기로 취득하셨나요?"

"아뇨. 우리가 운전면허를 딸 때는 수동변속기로 시험을 보는 경우가 많았습니다."

"그럼 이런 예가 적절할 수 있겠네요. 처음 운전을 하실 때 기어를 어떻게 변속하셨는지 생각해 보세요. 우선 브레이크와 클러치를 밟은 상태에서 기어를 넣고 브레이크에 있는 발을 떼어 엑셀레이터로 옮기면서 서서히 클러치를 놓았을 겁니다. 그리고 기어를 변속할 때마다 이런 과정을 의식하면서 반복하는데 운전이 어느 정도 익숙해지면 클러치를 밟았는지 기어를 변속했는지도 모르는 상태에서 기어를 자유자재로 변속하게 되지요."

"말씀을 하시니까 예전 자동차 운전을 배울 때 생각이 나는군요."

"그러면 하나만 더 질문 드려 볼께요. 초보 운전자 시절에 기어 변속하는 것을 순서대로 기억하고 의식하면서 운전을 한다고 해서 처음부터 익숙하게 잘 되던가요?"

"그럴리가 있겠습니까? 초반에는 의식하면서도 잘 안 되죠. 오르막길에서 섰다 출발을 할 때는 시동을 몇 번씩 꺼 먹기도 하고 식은 땀 흘렸던 적이 한 두 번이 아니었지요."

"익숙해진 다음에는 어떠셨어요?"

"익숙해진 다음에는 오르막길에서도 전혀 긴장을 안 하고 자연스럽게 운전을 했습니다."

"팀장님은 감사의 의식화를 설명하기에 아주 좋은 경험을 하셨군요. 호호호."

오미영 소장은 인쇄물 하나를 꺼내 보여주면서 다시 설명을 이어갔다.

감사행동 4단계 원리

1. 무의식적으로 불평하는 단계
2. 감사를 의식하지만 불평하는 단계
3. 의식적으로 감사하는 단계
4. 의식하지 않고 감사하는 단계

"이 표에서 보여드리는 것과 같이 많은 사람들은 무의식적으로 감사보다 불평을 선택하며 살아가고 있습니다. 감사가 좋다는 것을 인식하고 감사한 생활을 해 보려고 노력하지만 지금껏 습관처럼 되어 있던 불평이 먼저 튀어 나오는 경험을 누구나 했을 거라고 생각합니다. 그렇지만 어떠한 기회로 감사를 실천하기로 다짐하면서 좀 더 노력하면 의식적으로 감사하는 단계로 옮겨가게 되지요. 그러한 노력이 지속되면 오랜 시간의 의식적인 감사실천이 습관이 되고요. 이러한 습관이 지속되면 어느 날 의식하지 않았는데도 감사한 생각을 하거나 감사언어를 사용하고 있는 자신을 발견하는 단계가 되는 것이지요."

"아! 소장님께서 운전의 예를 드셨는데 처음에는 운전을 잘 해보고 싶다는 의식이 없었기에 운전을 할 수 있는 능력도 없는 단계였고, 그 다음으로는 운전을 잘 하고 싶다는 의식이 생겼지만 아직까지는 연습이 부족해서 잘 되지 않는 단계이고, 세 번째는 충분한 반복연습으로 익숙해지면서 의식을 하는 가운데 운전을 잘 하는 단계라는 것이죠? 그렇게 하다 보면 어느 날 특별히 의식하지 않아도 운전을 잘 하는 단계로 바뀐다는 말씀이신거죠?"

내가 맞장구를 치며 다소 길게 상황을 연출하듯 설명을 하자 오미영 소장도 기분 좋게 웃으며 흡족한 표정을 지었다.

"역시 제가 사람을 잘 보는 것 같아요. 옛날 사람들은 하나를 설명했는데 둘, 셋을 알아차리는 사람들에게 '하산하여라' 라고 표현을 했다고 하던데요."

우리는 한바탕 크게 웃었다.

"그럼 각 단계를 거치는데 얼마 정도의 시간이 필요할까요?"

이팀장이 오미영 소장의 즉석 강의에 적극적인 관심을 보이며 질문했다.

"그건 개인적으로 다 다르다고 봐야 합니다. 어떤 사람은 2단계에서 오래 걸릴 수도 있고 어떤 사람은 3단계에서 오래 걸리는 경우도 있어요. 한 단계를 빨리 마치고 다음 단계로 넘어 갔다고 하더라도 다음 단계에서 오랫동안 머무르게 되는 경우도 있습니다."

이렇게 대화를 나누는 사이 시계를 보니 벌써 오후 3시가 다 되었다. 4시부터 사업부장이 주재하는 회의가 예정되어 있어 다음에 다시 만나 이야기를 나누기로 하고 서둘러 인사를 마치고 사무실로 복귀했다. 오미영 소장은 미소를 지으며 '얼른 가시라'는 말로 배웅해 주었다. 나는 잊어버리기 전에 오늘 오미영 소장이 말한 내용을 노트에 정리하기 시작했다.

선택의 원리

감사는 그저 주어지는 조건이 아니고 자신이 선택하는 것이다.
이는 우리가 밭에 뿌리는 씨앗의 종류를 선택하는 것과 같다.

옛말에 '콩 심은데 콩 나고 팥 심은데 팥 난다.'는 말의 의미와 같이 우리가 콩을 심기로 선택을 했을 때 콩이 나고 팥을 심기로 선택을 했을 때 팥이 나는 것과 같은 이치인 것이다.
콩을 심든 팥을 심든 전적으로 심는 사람의 의지에 따라 심는 것이고 그 결과 또한 심는 사람이 어떤 씨앗을 선택하여 심었느냐에 따라 결정된다고 할 수 있다.
사람은 매 순간 선택을 하면서 살아간다. 그래서 B와 D사이에는 C가 있다는 말을 흔히들 하게 되는데 태어나면서부터(Birth) 죽는(Death) 사이에 끊임없이 선택(Choice)을 하게 된다는 말이다.

중요한 것은 '어떤 것'을 선택하느냐이다.
감사의 삶을 살 수 있기까지 4단계 과정을 거친다.

1단계 의식하지 않고 불평 단계

우리는 대부분 의식하지 못하는 가운데 감사보다 불평을 생각하고 말로 표현하는 단계에 머물러 있다.

2단계 의식하면서도 불평 단계

감사하기로 마음을 먹지만 여지껏 습관화 되어 있는 불평이 감사보다 우세하여 의식을 하지만 감사하지 못하는 단계이다.

3단계 의식하면서 감사하는 단계

감사쓰기를 생활화하기 시작하면서 비로소 3단계에 접어든다. 하지만 아직도 과거의 습관과 싸우고 있으며 의식하지 못하는 사이에 과거로 돌아가려고 한다.

4단계 의식하지 않고 감사하는 단계

감사훈련이 잘 되면 의식하지 않아도 감사를 생각하고 말하고 쓰고 나누는 단계가 된다.

어느 단계도 쉽게 건너뛰지는 못한다. 또한 사람마다 각 단계에서 어려워하는 정도가 다르다.

중요한 것은 누구나 이 단계를 거친다는 것이다.

감사는 긍정해석입니다.
우리가 긍정적인 눈으로 보려고 하면 긍정의 씨앗에 물을 주게 되는 것이고,
부정적인 눈으로 보려고 하면
부정의 씨앗에 물을 주게 되는 것입니다.

감사의
안경으로
세상을
바라보라
[긍정 해석의 원리]

감사의 안경으로
세상을 바라보라 (긍정 해석의 원리)

당신이 당신의 삶에서 가진 것을 바라본다면,
당신은 항상 더 풍요로울 것입니다.
하지만 당신의 삶에서 없는 것만 바라보며 불평한다면,
당신은 결코 만족하지 못할 것입니다.
– 오프라 윈프리 –

● ● ●

사업부장이 주관하는 회의는 사업부장실 옆에 있
는 회의실에서 했다.

나는 우리 사업부의 고만석 부장과 인연이 꽤 깊은 편이다. 신입사
원 시절에 같은 사업부에 근무하면서 고만석 부장이 맡고 있는 지점
(당시는 영업소)의 부지점장으로 근무할 때 영업의 기본 스킬과 영업
조직 관리법 등을 배우면서 회사생활에 쉽게 적응할 수 있었다. 그
후로도 사회생활을 하면서 고만석 부장은 늘 나에게 멘토가 되어주
었다. 작년에 실적부진으로 내가 맡고 있던 팀이 해체되었을 때 어디
에서도 받아주지 않아 곤란한 상황에 있던 나를 다시 품어 주신 분
도 고만석 부장이었다.

"여러분도 잘 아시겠지만 이번 분기 우리 사업부의 실적이 상당히 좋지 않습니다. 사업부 전체적으로도 그렇고 각 지점을 가 봐도 분위기가 가라앉아 있어서 여기가 영업을 하는 조직이 맞나 하는 생각이 들 정도입니다."

그렇다.

충정로사업부는 회사에서 보면 사업부장들의 진급코스라고 불릴 정도로 잘 나가는 사업부였다. 지금 근무하는 본부장의 3분의 1이 충정로사업부 출신일 정도로 우리 사업부의 부장이 되면 진급 가능성이 높다며 미리 축하 인사를 받던 곳이었다.

그런데 올해 들어 조직을 개편하면서 기존 우리 사업부의 주축이었던 영업조직이 본부 내 타 사업부 소속으로 변경되었다. 조직개편으로 어쩔 수 없이 대리점 조직을 맡게 되었는데 대리점주들 개개인의 개성이 강한 분들이 많아서인지 앞에서 이끌고 나아가는데 많은 어려움이 따랐다. 그 힘든 조직을 맡고 있는 지점장이 바로 나였다.

"특히 성지점장이 맡고 있는 로얄지점은 실적도 실적이지만 증원도, 가동율도 본부 내 꼴찌입니다. 사업부장이 도와줄 수 있는 것도 한계가 있습니다."

사업부장의 말을 다 듣기도 전에 '또 시작이구나' 라는 생각이 들었다. 올 들어 회의 때마다 이 이야기를 듣지 않은 경우가 거의 없었다.

아! 나도 한 때는 참 잘 나갔었는데…

나는 입사하고 나서 동기들 중에서 늘 제일 잘 나간다는 평가를 받앉었다.

　지점장 발령을 받아 정말 의욕적으로 재미있게 일을 했고, 어떻게 하면 조직원들이 자신의 일을 즐겁게 잘 할 수 있을지 고민도 많이 했다. 그래서인지 내가 맡은 지점은 사업부 내에서 거의 1등을 도맡다시피 하였고 본부에서도 심심치 않게 1등을 했다.

　정말 지독할 정도로 일만 한다고 얻어진 별명이 '독사' 였다. '바늘로 찔러도 피 한 방울 안 나올 것 같은 놈' 이라는 동료들의 수근대는 소리를 들으면서 불쾌하기도 했지만 그 별명이 마냥 싫은 건 아니었다. 싫기는 커녕 때론 당당한 훈장처럼 느껴지기도 했다.

　회사의 선배들은 내 나이보다도 어릴 때 사업부장이 되기도 했다. 그러나 손으로 하던 일을 컴퓨터가 대신하기 시작하면서 관리직원들의 수를 제한하기 시작했고, 양적인 성장을 하던 시기에 뽑아 놓은 인원들로 인해 인사적체가 너무 심해진 후로는 사업부장 승진은 언감생심 꿈도 꾸지 못하는 상황이 되어 버렸다.

　지점장을 맡고 난 이후 워낙 실적이 좋다 보니 동기들은 물론이고 한 두 기수 선배들까지 제치고 사업부장이 되는 것 아니냐는 이야기가 나올 정도로 회사에서 인정받았다.

　그런데 2년 전부터 내 상황은 어렵게 꼬이기 시작했다. 특히 아내와의 관계가 극도로 악화되기 시작하면서 하는 일마다 힘든 상황이 계속되었다. 그리고 거짓말처럼 그동안 잘 해왔던 일조차도 안 풀리니 매사 답답하고 짜증이 났다.

　그 때부터 아내와 말다툼하는 일이 자주 일어났다. 회사에서 좋은 실적을 유지하느라 남들보다 더 늦게까지 일하고 거래처 사람들과 때론 동료들과 어울렸다 늦게 집에 들어가는 일이 다반사였지만 그 동안은 경제적인 여유가 있었으니 아내가 참고 지내 주었다. 하지만 경제적인 어려움이 생긴 이후로는 잔소리를 하지 않던 아내도 나를 자극하기 일쑤였고 나는 그런 아내에게 화가 나 버럭버럭 소리를 지르는 악순환이 반복되었다.

말다툼을 하고 나왔던 아침 일을 생각하며 잠시 우울한 기분에 빠져들다 각 지점장들이 돌아가며 지점 실적 예상치와 증원대상자에 대한 보고를 했다.

"다음은 성지점장인데 어떤 계획을 가지고 있는지 보고해 봐."

사업부장의 목소리를 들었지만 딴 생각을 하느라 어떤 말을 해야 할지 몰라 잠시 머뭇거렸다.

옆에 있던 이선수 팀장이 회의 자료에 '지점실적 및 증원달성 계획'이라고 메모를 해 주어 겨우 우리 지점의 실적계획 및 증원대상자에 대한 보고를 할 수 있었다.

"다들 보고한 대로 진행하고 월말에 가서 다른 이야기하지 않도록 해 주기 바랍니다."

고만석 부장이 사람 좋기로 소문난 것은 사실이지만 요즘과 같이 실적이 좋지 않은 시기에 회의를 이렇게 부드럽게 끝내는 것은 예상 밖의 일이었다. 게다가 2시간 쯤 진행되던 회의가 30분 만에 끝난 것도 이례적인 일이었다.

"오늘 사업부 회의는 특별한 분이 참석할 것입니다. 어제 교육 때 만났던 감사행복연구소의 오미영 소장님을 모시겠습니다. 어제는 본부 내 전체인원이 모여 기본적인 교육을 받았고, 세부실천방안에 대한 교육은 지금처럼 사업부별로 진행할 것입니다."

그 때 회의실 문이 열리며 아까 만났던 오미영 소장이 들어왔다.

오미영 소장이 회의실에 모인 전체에게 인사를 하면서 나와 눈이 마주치는 순간 사업부 미팅이 있다는 말과 함께 서둘러 나온 나의 스케줄을 알고 있었다는 듯 미소를 지어줬던 2시간 전의 상황이 떠올랐다.

"안녕하세요? 오미영 소장입니다. 오늘 다시 뵈어서 반갑습니다. 어제는 본부 내 전 조직이 함께 교육에 참여했고 오늘부터 각 사업부별로 감사실천에 대한 교육을 진행하는데, 처음으로 충정로사업부에서 교육을 진행하게 되었습니다. 오늘은 감사를 조직 내에서 실천하는 방안에 대해 함께 공감하는 시간을 가져보려고 합니다. 자! 강의 시작에 앞서 옆에 앉은 분들에게 감사의 인사를 나눠 보시지요."

매일 사업부에서 얼굴을 마주 대하는 사람들이기에 감사한 일이 참 많을 것 같은데도 평소 익숙하지 않은 감사를 표현하려니 쑥스러웠다. 하지만 옆에 앉은 동료에게 한 가지씩 감사한 것을 말하고 나니 회의실 분위기가 많이 부드러워졌다.

오미영 소장이 프리젠터 버튼을 누르자 잔잔한 음악과 함께 감사와 관련된 글과 이미지가 담긴 슬라이드가 한 장씩 넘어갔다.

"어제 교육하면서 제가 숙제를 하나 내 드렸는데 숙제 검사부터 하겠습니다. 양파나 고구마 실험도구를 만들어 놓으신 분이 계신가요?"

아차! 오후에 실험도구를 사 와야지 생각을 하고 있다가 본사에 다녀오면서 까맣게 잊고 말았다. 두 명의 지점장만이 준비를 했다고 손을 들었다.

"제가 하는 강의를 듣는 것만으로 감사의 효과를 확인하기는 쉽지 않습니다. 하지만 양파나 밥실험은 눈에 보이기 때문에 효과를 측정하고 인정하기가 쉽습니다. 영업조직 중에 부정적인 성향을 가진 분들의 경우 이론교육만으로는 쉽게 변하지 않습니다. 하지만 사무실 내에서 실험을 하면 긍정과 부정에너지가 사물에 어떻게 영향을 미치는지 눈으로 볼 수 있기 때문에 감사의 긍정에너지를 보다 쉽게 접하고 이해할 수 있습니다. 그래서 감사운동의 효과를 극대화시키려면 환경조성이 중요한 것입니다. 포스터와 현수막을 제작하여 부착해 놓은 것도 그 때문입니다."

"오늘 퇴근시간까지 모두 준비해 놓도록 조치를 하겠습니다."

고만석 부장이 준비를 하지 못한 것이 자기 탓인 양 미안해하며 조심스럽게 말했다.

"네, 부장님께서 신경 써서 준비해 주신다니 감사합니다. 저는 오늘 여러분에게 선물을 하나씩 드리려고 이것을 가져왔습니다."

오미영 소장은 봉투에서 다양한 색상의 팔찌가 담긴 비닐봉지 여러 개를 꺼내서 하나씩 나누어 주었다.

받은 팔찌를 살펴보니 구슬 같은 것이 있고 은색의 정육면체 금속 물질인데 영문 이니셜이 새겨져 있었다. 글자를 보니 영어로 T·H·A·N·K·S가 새겨져 있었다. 신축성이 좋은 줄로 연결해서 팔목에 쉽게 착용할 수 있었다.

"오늘 저는 감사를 의식적으로 선택하는 것과 상황을 긍정적으로 해석하는 것에 대한 말씀을 드리고자 합니다. 여러분 좋은 일이 있을 때 감사하기가 쉬울까요? 어려울까요?"

"당연히 쉽죠."

건너편에 있는 세종로 지점의 유명환 지점장이 어이가 없다는 듯이 대답을 했다.

"다른 분들은 어떠신가요? 마찬가지인가요?"

"네."

우리는 모두 고개까지 끄덕이며 대답했다.

"여러분 모두가 좋은 일이 있을 때 감사하기는 당연하다고 하셨습니다. 그렇다면 반대상황이 되었을 때는 어떨까요? 좋지 않은 일이 발생했을 때도 감사하기가 쉬울까요?"

"아입니다. 그런 경우에는 감사하기가 우예 쉽겠습니까?"

부산출신인 당주지점의 최고봉 지점장이 특유의 경상도 사투리로 대답했다.

"네, 맞습니다. 사람들은 좋은 일이 있을 때 감사하기가 쉽지만 그렇지 못할 때는 '감사란 어려운 것이고 할 수 없다'라고 말합니다. 어느 정도는 맞는 말이나 다 맞다고 볼 수는 없습니다. 이 표를 한번 보시죠."

오미영 소장은 '감사의 3단계'라고 표시한 화면을 가리켰다.

감사의 3단계

~In spite of 감사
(그럼에도 불구하고 감사)

Beacause 감사
(왜냐하면 감사)

If 감사
(만약에~감사)

1단계　　2단계　　3단계

"감사를 실천하다 보면 3단계를 거치게 됩니다.

첫 번째 단계는 'If 감사' 단계입니다. 만약에 ~되면 감사하겠다는 것입니다. 예를 들면 이번 달 실적을 잘하게 된다면~?"

하고 우리를 향해 질문을 던지자

"가~암사 하죠."

이어서 릴레이를 하듯이

"우리 아이가 좋은 학교에 합격을 한다면~?"

"감사합니다."

"내가 실적이 좋아 진급을 하거나 보너스를 많이 받게 된다면~?"

"감사합니다."

주거니 받거니 몇 차례 이어지니 1단계 감사를 저절로 이해했다.

"두 번째 단계는 'Because 감사' 단계입니다. 이것은 왜냐하면 감사라고도 하고 ~때문에 감사라고도 합니다. 첫 번째 If 감사는 무언가 이루어졌을 때에만 감사를 하겠다는 기복적 감사입니다. 두 번째 단계의 감사는 소망한 것이 이루어졌을 때 표현 하는 결과적 감사라고 할 수 있습니다. 이유가 있는 감사이기에 수시로 표현하게 되는 감사이지요. 한번 예를 들어볼까요? 아까 1단계는 아직 이루어지지 않은 일이 이루어질 것을 가정했는데, 2단계는 실제로 일어난 일들에 대한 감사입니다. 실적이 좋아 보너스도 받고 진급도 했습니다. 여러분은 감사할 수 있으신가요?"

"당연히 감사하지 않겠습니꺼?"

역시나 경상도 사투리를 걸쭉하게 섞은 최지점장의 답변이 있었고 우리는 이 일이 우리에게 이루어진 양 흐뭇한 표정으로 강의를 즐기고 있었다.

"그렇습니다. 좋은 일이 있을 때 감사하기란 누구에게나 쉬울 수 있습니다. 그러나 3단계 감사는 우리가 바라던 일이 일어나지 않거나 바라지 않던 일이 일어난 상황에서도 무조건적으로 감사할 수 있는 단계입니다. 'in spite of 감사' 또는 '그럼에도 불구하고 감사'라고도 하지요. 자! 그러면 실적도 좋지 않고 진급도 누락되었는데 감사할 수 있을까요?"

침묵이 흘렀다. 그 때 지금껏 아무 말도 하지 않고 있던 이선수 팀장이 불쑥 한마디 거들었다.

"그래도 회사에서 잘린 것은 아니지 않습니까?"

"네, 아주 좋은 접근방법이네요. 다른 감사할 것은 더 없을까요?"

"영업조직이 와해된 것은 아니니 다시 한 번 해 볼 수 있지 않을까요?"

"실적 떨어졌다고 우리 회사가 문 닫은 것은 아니지예."

"진급 빨리 해 봤자 빨리 집에 갈 일만 남는데 가늘더라도 길게 갈 수 있는 여건이 마련되었다고 감사할 수도 있겠네요."

다들 한 가지씩 생각난 듯 의견을 주고받았다.

"와우! 놀라운데요. 조금 전까지만 하더라도 좋지 않은 일이 있을 때는 감사할 것이 없고 불평할 일만 있을 것 같았는데 감사를 하기로 마음먹고 상황을 바라보니까 감사할 일들이 잘 찾아지네요. 이게 바로 감사를 선택했을 때 나타나는 결과입니다."

조금 전 회의 때 분위기와 180도 달라진 모습으로 교육이 재미있게 진행되고 있었다.

'조금 전의 회의는 어떤 분위기였지?

무엇이 지금 이렇게 화기애애한 분위기를 만들어낸 것일까?

그것도 아까 회의 때나 지금이나 참석한 인원 그대로 강의를 듣고 있는 상황인데…'

교육이 진행되면서 회의실 공간에 '감사'와 '행복'이라는 단어가 둥둥 떠다니는 것 같았다.

좋은 에너지가 느껴졌다.

"방금 여러분이 말씀하신 것처럼 감사한 상황이라는 것은 어쩌면 처음부터 존재하지 않을지도 모릅니다. 좋지 않은 일이 일어나도 우리는 얼마든지 최악의 상황을 가정해 볼 수 있고, 그렇게 되지 않은 것에 대해 감사할 수 있습니다. 여기서 잠깐 두 번째 단계로 가서 한 번만 더 살펴보도록 하겠습니다. 우리가 바라던 일이 일어났을 경우에는 모두가 다 감사를 하게 되나요?"

"그건 당연히 그럴 것 같은데요."

내가 대답을 하자 다들 동의한다는 눈빛을 보냈다.

"제가 이야기를 하나 들려 드리겠습니다. 영국에 콩클톤이라는 귀족이 있었는데 집에서 일을 하는 하녀가 하는 말을 우연히 들었습니다. 이 하녀는 '아! 나에게 5파운드만 있으면 정말 행복할텐데'라며 중얼거렸습니다. 콩클톤경은 자신에게 큰 의미가 아닌 5파운드라는 돈이 누군가에게 큰 행복을 가져다 줄 수 있는 돈이라는 사실에 깜짝 놀랐습니다. 그는 하녀를 불렀습니다.

'내가 지나가다가 네가 하는 말을 우연히 엿듣게 되었는데 5파운드만 있으면 정말 행복하겠다고 했지. 자, 여기 5파운드 줄테니 이제부터 행복한 삶을 살도록 해라.'

콩클톤경은 하녀가 얼마나 행복해 하는지 보고 싶었습니다. 그래서 하녀의 방으로 다가가 하녀가 하는 말에 귀를 기울였습니다. 하지만 콩클톤경의 귀에 들린 하녀의 말은 감사의 말이 아니었습니다.

'아! 난 바보인가봐. 10파운드가 있으면 행복하겠다고 이야기를 했다면 10파운드를 얻었을텐테…

오미영 소장은 하녀가 자기 머리를 쥐어박는 것을 흉내내며 이야기를 이어갔다.

"여러분 어떻게 생각하세요? 그토록 바라던 일이 이루어지면 모두가 행복할 것 같지만, 우리 주변에 원하는 것을 받고도 행복해하지 않는 사람들이 뜻밖에 많이 있다는 것을 알 수 있습니다. 왜 그럴까요?"

"만족하지 못하기 때문 아닐까요?"

고만석 부장이 만족스럽지 않은 표정을 지으며 대답했다.

"맞습니다. 본인이 5파운드를 바랬지만 정작 5파운드가 주어지자 자신이 가지고 있는 욕심의 그릇이 커져서 만족을 하지 못했던 것입니다. 이쯤 되면 2단계의 감사도 결코 쉬운 것은 아니라는 사실을 알게 되셨을 겁니다."

아까 낮에 들었던 '감사는 선택' 이라는 말이 맞는 말이라는 생각이 들었다.

"여러분이 경험한 것 중에 감사하기 어려운 상황에서 감사했던 일이라든지 아니면 감사해야 하는 상황인데도 불평했던 일이 있으면 이 시간 서로 나누어 보시기 바랍니다."

오미영 소장의 요청에 따라 자신의 경험들을 자연스럽게 꺼내 놓았다.

나의 경우에는 어떠했는가.

지금 나의 상황에서도 감사할 것을 찾을 수 있다는 말인가?

'그렇지! 집값이 폭락했다고 하지만 아직 대출금액보다는 집값이 더 나가지. 그리고 집이 두 채나 있잖아. 손해를 많이 보기 싫어서 그렇지, 지금이라도 조금 더 손해보고 팔아버린다면 이자라는 큰 부담에서 벗어날 수도 있지.'

아내와 관계도 생각해 보면 여러 가지 이유로 이혼하는 가정이 많은데 지금껏 나 하나만 보고 잘 살아 준 아내가 고맙다는 생각이 들기도 했다.

단지 관점 하나만 바꾸었을 뿐인데 내 어깨를 짓누르는 것 같은 돌덩이 하나를 내려놓은 것 같았다.

"자! 그럼 감사밴드 이야기를 해 볼까요?"

오미영 소장은 아까 나눠 준 팔찌의 정체가 감사밴드라고 했다.

"여러분 살다보면 '화'가 나는 경우가 있지요?"

"네."

"저는 오늘 아침에도 있었는걸요."

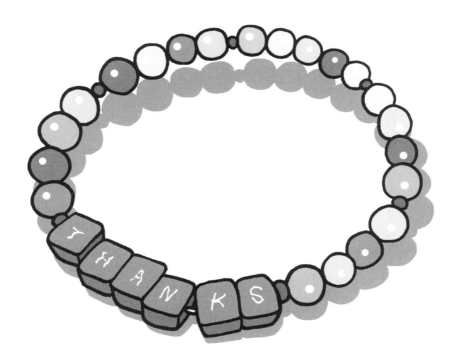

　오미영 소장도 아침에 화가 나는 일이 있었다고 말하자 나도 모르게 피식 웃음이 나왔다.

　나 또한 오늘 아침 출근하는 나를 본척만척 하는 아내에게 화가 났었다.

　"그럼 여러분은 화가 날 때 어떤 방법으로 해결을 하시나요?"

　술을 마신다거나 담배를 피운다는 의견도 있었고, 그냥 화를 참는다는 의견도 있었다. 더러는 참다 참다 못 참을 때 화를 내는 것이 더 낫지 않느냐는 의견도 있었다.

　"자 이 화면을 한 번 같이 보시죠. 분노의 감정을 가지고 있을 때와 감사한 마음을 가지고 있을 때 뇌를 단층촬영 한 사진입니다. 사진에서 빨간색은 혈류량을 나타내고 있는데 여기 좌측의 뇌사진을 보면 혈류량이 현저히 적은 것을 확인하실 수 있습니다. 이것이 부정적인 감정에 사로잡혀 있을 때 찍은 사진입니다. 반면 오른쪽의 사진은 감사한 마음을 가졌을 때의 뇌사진인데 왼쪽과 비교했을 때 혈류량이 몇 배나 더 많다는 것을 한 눈에 확인하실 수 있을 겁니다.”

오미영 소장은 화면을 넘기며 강의를 이어갔다.

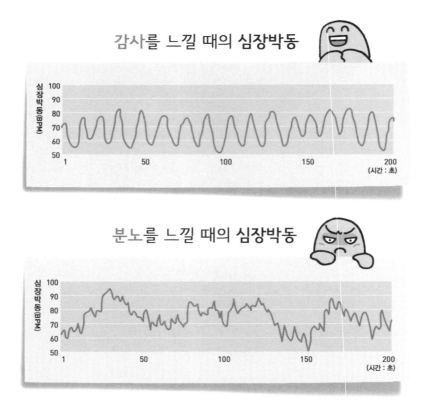

"다음은 심장박동인데요. 우리가 감사한 마음을 가지고 있을 때 심장박동은 매우 규칙적이고 평온합니다. 하지만 화를 품고 있을 때 심장박동은 어떻죠? 혹시 여기 계신 분 중에 화가난 상태에서도 심장박동이 규칙적이고 평온하신 분이 있으신가요?"

생각해 보니 오늘 아침도 화가 난 상태에서 심장이 쿵쾅쿵쾅 뛰고 손도 부르르 떨렸던 기억이 생생했다.

"우리나라에도 번역되어 베스트셀러가 되었던 '화'라는 책의 저자인 틱낫한 스님은 자신의 책에 이렇게 쓰고 있습니다."

> 우리 마음에 긍정의 씨앗과 부정의 씨앗이 있다.
> 어떤 씨앗을 선택하여 물을 줄지는 우리의 몫이다.
> 긍정의 씨앗에 물을 주면 긍정의 열매가 자라고 부정의 씨앗에 물을 주면 부정의
> 열매가 자란다.
> -화- 틱낫한

그리고 보니 내 안에 긍정적인 면도 부정적인 면도 다 가지고 있는 것 같았다. 나를 아는 사람들 중 어떤 사람들은 참 따뜻한 사람이라고 표현하는데 다른 사람들은 냉정한 사람으로 인식한다. 그것이 어쩌면 내가 부정의 씨앗에 물을 준 모습을 본 사람과 긍정의 씨앗에 물을 준 모습을 본 사람이 느끼는 차이일지도 모르겠다는 생각이 들었다.

"여러분에게 나누어 드린 감사밴드를 활용하여 화를 다스리는 방법을 지금부터 설명해 드리겠습니다.

첫째, 영문 이니셜이 새겨진 것을 주목해서 보시기 바랍니다. 가지런한가요?"

"아니요. 삐뚤삐뚤합니다."

우리가 그렇게 대답을 하자

"영문 이니셜을 가지런히 정리하면서 새겨져 있는 글씨를 읽어 보도록 하겠습니다."

"THANKS."

"네~ 영문 이니셜을 정리한 뒤 THANKS라고 읽으면서 감사의 마음을 가지려고 노력하는 것입니다. 하루에도 몇 번씩 이니셜을 정리하면서 감사를 생각하고 감사를 실천하는 노력을 하자는 것입니다."

오미영 소장은 자신의 팔에 있는 감사밴드의 이니셜을 정리하면서 갑자기 화가 난 표정을 지어보이며 다음 이야기를 이어갔다.

"여러분은 제 모습처럼 화가 난 경우에 어떻게 화를 다스리시죠?"

"하이고 소장님 무섭십니더. 애 떨어지겠십니데이."

최지점장이 너스레를 떨자 오미영 소장도 화난 표정을 더 이상 짓지 못하고 웃음을 터트렸다.

"감사밴드의 활용법 두 번째입니다. 우리는 거의 대부분 화가 나는 상황에 직면하면 어떻게 대처를 해야 하는지를 미리 생각해 놓고 살아가지는 않습니다. 그렇기 때문에 아까 말씀하신 것과 같이 술을 마시거나 담배를 피우거나 참거나 화를 표출하는 형태로 대응을 하셨을 겁니다. 이제부터는 화가 나는 상황이 발생하면 감사밴드를 살며시 움켜쥐세요. 그리고 도로 위에 빨간 신호등이 켜졌다고 생각을 하시는 겁니다. 여러분 운전을 하다가 빨간 신호등이 켜지면 어떻게 하죠?"

"정지해야죠."

라고 사업부장이 말을 하는데 유지점장이 장난스럽게 말을 했다.

"빨간 신호등은 빨리 가라는 신호등 아닙니까? 당연히 빨리 가야죠."

회의실에는 또 한바탕 웃음보가 터졌다.

"아 그런 해석방법도 있군요. 지점장님처럼 생각하고 운전을 한다면 면허증 관리에 신경을 쓰셔야겠는데요. 잘못하면 빨간 신호등이 아닌 레드카드가 나갈지 모르니 조심하시기 바랍니다."

오미영 소장은 유연하게 상황에 대처하면서 강의를 계속 이어갔다.

"화가 나는 상황이 발생하면 운전을 하다가 신호등에 빨간색 신호가 들어왔다고 생각하며 천천히 열을 세는 겁니다. 10, 9, 8, 7, 6, 5, 4, 3, 2, 1, 0. 10부터 0까지 세고 나면 화가 많이 누그러져 있음을 발견하실 겁니다.

화의 종류는 생리적인 화와 의식적인 화가 있는데, 학자들에 의하면 1분 30초만 지나가면 생리적인 화는 사라진다고 합니다. 그 이후에는 자신이 화를 선택할 것인지 말 것인지의 의식적인 것만 남게 됩니다. 그러면 신호등 색깔이 파란색으로 바뀌어 있을 겁니다."

"소장님 잘 모르시나본데 우리나라에 파란색 신호등은 없십니더. 녹색신호등은 있다카죠 아마."

최지점장의 위트에 회의실은 다시 한 번 웃음바다가 되었다.

"네~ 맞네요. 습관적으로 파란 신호등이라고 했는데 가만히 생각을 해 보니 녹색 신호등이군요. 차가운 느낌의 파랑색 보다는 심신의 안정을 준다는 녹색이 의미상으로도 더 적합한 것 같습니다. 알려 주셔서 감사합니당."

오미영 소장이 최지점장에게 감사를 장난스럽게 표현하며 우리에게 한 번 더 웃을 수 있는 기회를 만들어 주었다.

"세 번째는 그럼에도 불구하고 참지 못하고 화를 표출했을 경우입니다. 화를 냈다면 지체하지 말고 밴드를 반대편 손목으로 옮기는 것입니다. 그러면서 앞으로 화를 내지 않을 것에 대한 의지를 다지며 화내지 않기에 도전하는 것입니다."

"소장님 혹시 불평밴드라고 아십니까? 보라색 밴드를 착용하고 불평하지 않고 21일간 살아보기를 하는 프로그램을 제가 다니는 교회에서 해 본 적이 있어요. 그 때도 불평을 하면 반대쪽 손목으로 바꿔 끼우라고 했습니다."

광화문지점의 주기적 지점장이 감사밴드를 만지작거리며 말을 했다.

"네 좋은 체험을 해 보셨군요. 원리가 비슷합니다. 다만 감사밴드는 불평하지 않는 것뿐만 아니라 감사를 의식적으로 생각하자는 의미를 추가로 부여했습니다. 이니셜을 가지런히 정리하며 감사를 생각하자는 말을 벌써 잊지는 않으셨겠죠?"

오미영 소장은 잠시 숨을 고르며 물을 한 모금 마셨다.

이어서 경영의 신이라고 불리는 마쓰시다 고노스께가 불우한 환경 속에서 어떤 선택을 통해 세계적인 기업을 일으켰는지에 대한 내용을 전달하며 강의는 서서히 마무리 되고 있었다.

"감사는 긍정해석입니다. 우리가 긍정적인 눈으로 보려고 하면 긍정의 씨앗에 물을 주는 것이고, 부정적인 눈으로 보려고 하면 부정의 씨앗에 물을 주는 것입니다. 어떤 상황에서도 긍정적인 해석이 가능하다는 것 잊지 마시길 부탁드립니다.

어제도 누차 강조를 드렸지만 긍정성을 향상시키는 가장 좋은 훈련 방법이 감사훈련이고 감사를 하는 가장 좋은 방법이 감사쓰기라는 것을 꼭 기억해 주시기 바랍니다. 회사에서 제공하는 감사쓰기 시스템에 감사일기를 빼먹지 말고 잘 작성해 주시기 바랍니다. 오늘도 잘 들어주시고 참여해 주셔서 정말 감사합니다."

우리는 어제에 이어 뜨겁게 박수를 보내며 오미영 소장의 열강에 감사를 표했다.

회의장을 나가려는데 사업부장이 퇴근 후에 둘이서 저녁이나 같이 하자고 했다. 안 그래도 마음이 답답했던 차에 잘 되었다 싶어 참치 횟집에서 만나기로 했다.

사무실 바로 근처에 있는 고려쇼핑에 들러 양파와 투명컵을 사서 '감사합니다' 와 '저주합니다' 라는 스티커를 붙여 지점입구에 비치를 해 놓았다.

자리에 돌아와 업무를 마무리 한 뒤 약속 장소로 갔다. 사업부장은 벌써 와 있었다.

"부장님, 먼저 와 계셨네요."

"응, 어서 와. 이리 앉지."

주문을 하고 음식이 나오자 술을 한 잔 따라주며 사업부장이 내게 말했다.

"요즘 많이 힘들지?"

"죄송합니다. 부장님께 면목이 없습니다."

"누가 그런 소리 듣자고 저녁 먹자고 했나? 오랜만에 선후배끼리 식사나 하자는 거지."

그렇다. 고만석 부장은 대학선배이다. 학교를 다닐 때 알고 지낸 사이는 아니지만 처음 발령을 받고 지점에 갔을 때 지점장이 우리학교 선배라는 사실을 알았다. 그 순간 초보 사회생활에 대한 두려움의 절반은 날아간 것 같았다.

"우리가 함께 한 기간이 얼마나 되었지?"

"16년입니다."

"오래 되었구만. 자네를 보면 나의 과거 모습을 보는 것 같아서 참 반가웠다네. 그동안 일도 잘 해주었고."

"다 부장님이 잘 이끌어 주셔서 그런거죠."

"그렇지도 않아. 똑같이 해줘도 따라오는 친구가 있고 따라오지 못하는 친구도 있는데 자네는 참 잘 따라와 주었어.

사람이 항상 잘 될 수는 없는데 요즘 자네를 보면 예전의 의욕적인 모습이 전혀 보이지 않는 것 같아서 안타까워. 개편된 지점을 맡아 일시적인 슬럼프도 있을 수 있지만 그 기간이 너무 길어지는 것 같고, 무엇보다 개선될 기미가 보이지 않으니 답답하네.

한 번 말하면 알아들을 수 있는 사람이라는 믿음이 있으니까 여기까지만 하겠네. 회의 시간에 내가 도와줄 수 있는 것도 한계가 있다는 말 가볍게 듣지 말고."

할 말이 없었다. 그리고 나에 대해 노심초사 걱정해 주는 부장님의 관심과 배려가 감사했다.

"성지점장은 감사에 대해 이틀간 교육을 받았는데 느낌이 어땠어?"

"뭔가 굉장한 것을 새롭게 알게 된 것 같은 느낌입니다. 아까 낮에 이팀장과 함께 감사행복연구소에 들러 오미영 소장님과 1시간 넘게 대화를 나누었는데 회의시간에 그 내용으로 다시 강의를 들었습니다."

"그랬나? 자네도 감사에 관심이 많구만."

"부장님도 어제 어머니에게 감사편지를 쓰실 때 눈물을 많이 흘리시는 것 같던데요."

"그랬지. 자네도 알다시피 몇 년 전에 돌아가신 어머니 생각을 하면 지금도 눈물이 난다네. 돌아가시기 전에 화상 때문에 참 고통스러워 하시다가 돌아가셔서 그런지 어머니에 대한 생각만 하면 가슴 한켠이 아려오니까…"

"그러셨군요. 저도 어머니에게 감사편지를 쓸 때 감사한 마음도 들고 죄송한 마음도 들고 울컥 하더라구요. 어제는 시간이 없어 100감사를 다 쓰지는 못했지만 조만간에 어머니에게 감사편지를 한 번 써 보려구요."

"자네도 그 생각을 했구만. 난 어머니가 이미 돌아가셨지만 어머니 묘소에라도 감사편지를 써서 드려야겠다고 생각했지. 그나저나 제수씨하고는 좀 어때? 예전의 아름다운 모습 그대로 간직하고 계신가?"

"미모로 따지면 형수님을 따라 가겠습니까?"

그리고 한숨을 한 번 쉬었다.

"부장님, 사실 제가 겪고 있는 가장 큰 갈등이 아내와 갈등입니다. 아내와 갈등을 겪으면서 일도 잘 안 풀리는 것 같고, 가정이 평온하지 않으니까 뭘 해도 재미가 없습니다."

"그렇군. 가화만사성이라는 말이 딱 맞는 것 같군. 사실 직장생활 제대로 하면서 가정에서 좋은 점수를 받는 사람이 드문 것 같더군. 나도 아내에게 참 모질게 굴었던 것 같아. 세상에 둘도 없이 착한 여자인데 가난한 나에게 시집와 고생도 많이 하고 툭하면 소리나 버럭 지르는 못난 남편 옆에서 고생 많이 했지."

"부장님도 그러세요? 부장님은 가정적인 분인 줄 알았는데요."

"그말 아내가 들으면 기가 막히다며 웃겠네. 회사일 한다고 매일 술 마시고 늦게 들어가고 주말에 골프 치러 다니느라 바빠서 애들을 챙기는 것과 집안의 모든 일은 아내의 몫이었지."

고만석 부장은 소주잔에 있는 술을 입에 털어 넣으며 지금까지의 행동이 후회되는지 씁쓸한 표정을 지었다.

"그래서 말인데, 나는 어머니에게 감사편지를 쓰는 것 보다 아내에게 먼저 써 보려고 해. 우리 어머니 화상으로 고통스러워하실 때 간호도 극진히 해 주었지만 돌아가셨을 때 그렇게 서럽게 울더구만. 누가 보면 시어머니가 아닌 친정엄마 돌아가신 줄 알 정도였다니까."

"저도 장례식장에서 형수님 우시는 모습을 봤죠."

"감사교육을 받고 내가 가장 감사할 사람이 누구인가를 생각해 보니 내 아내라는 생각이 드는 거야. 그래서 오늘 자네를 보자고 한 것도 자네와 마지막 잔을 마시고 아내를 위해 술을 끊어 보려고."

"네~ 술을 그렇게 좋아하시면서 그게 가능하시겠어요?"

"아내는 내가 이기지도 못하는 술을 마시는 것에 대해 늘 못 마땅하게 생각했지. 술을 원래부터 좋아한 것은 아니었지만 어느새 습관처럼 술을 마시게 되더라고. 또 술 먹을 일을 일부러 자꾸 만들기도 했고. 회식이 없으면 약속을 잡아서라도 술을 마시고 집에 들어 갔으니까. 따져보니까 출근을 한 날 중에 술을 먹지 않고 들어간 날이 거의 하루도 없었던 것 같아. 더군다나 혈압도 높고 과체중이라 다이어트도 해야겠다는 생각은 항상 하고 있었지만 실행을 하지 못했어. 감사교육을 받으며 내 몸에 대해서도 감사한 마음을 가져야겠다고 생각을 하게 되었는데, 이대로 나를 방치하지 않아야겠다는 생각도 하게 되더군."

고만석 부장의 말을 듣고 있으면서 나의 상황도 별반 다르지 않다는 생각을 했다.

식사시간은 길지 않았다. 보통 2차까지는 기본이었으나 결심했을 때 바로 실행을 하겠다며 문구점에 들러 아내에게 쓸 감사편지지를 사서 가겠다고 했다.

고만석 부장은 친구들과 토요일 골프약속을 취소하고 주중에 아내에게 감사편지를 써서 교외의 근사한 레스토랑에서 전달했다고 한다.

역시 실행력이라는 별명에 어울리는 행동이라고 생각했다.

긍정해석의 원리

감사실천의 핵심은 어떤 상황도 감사로 긍정적인 해석을 하는 습관에 있다.

감사의 삶을 선택해도 순간순간 감사하기 힘든 상황이 발생하는데, 이러한 상황을 어떻게 해석하느냐가 우리의 선택을 좌지우지하게 된다.

감사한 상황이란 존재하지 않는다.

다만 감사한 해석을 하는 시각으로 그 상황을 바라보고 선택하는 것뿐이다.

교통사고가 발생했을 때 '운이 없어서 사고가 발생했다'고 해석할 수도 있고 '사고가 발생했지만 큰 사고가 아니어서 다행이다'라고 해석할 수도 있다.

교통사고 자체는 긍정적이거나 부정적인 요소가 있을 수 없다는 것이다. 다만 그 사고를 바라보는 나의 시각이 긍정적인지 부정적인지, 감사로 받아들일 것인지 불평으로 받아들일 것인지가 남을 뿐이다.

우리 마음에 긍정의 씨앗과 부정의 씨앗 모두가 심어져 있다.

단, 우리가 어떤 씨앗을 선택하여 물을 줄지는 우리의 몫이다.

긍정의 씨앗에 물을 주면 긍정의 열매가 자라고 부정의 씨앗에 물을 주면 부정의 열매가 자라나게 되는 것이다.

경영의 신이라고 불리우는 마쓰시다 고노스께는 긍정해석의 달인이다.

- 초등학교도 못 나와서 평생 모든 사람을 스승으로 삼아 배우는데 노력하여 많은 지식과 상식을 얻어 감사합니다.
- 가난 속에서 태어났기 때문에 일찍이 부지런히 일하지 않으면 잘 살 수 없다는 진리를 깨닫게 되어 감사합니다.
- 약하게 태어난 덕에 건강의 소중함을 알고 몸을 아끼며 건강에 힘쓰게 되니 오히려 더욱 건강하게 되어 감사합니다.

누가 보더라도 배우지 못한 것이 감사할 수 있는 일은 아닐 것이다.

하지만 마쓰시다는 자신이 배우지 못했기 때문에 누구에게나 배우려했고 결국 많은 사람을 가르치는 사람이 된 것이다.

마찬가지로 가난함 속에서 살았지만 부지런함과 근검절약을 하게 되어 세계적인 부를 이룰 수 있었다.

또한 몸이 체질적으로 약했기 때문에 불평을 한 것이 아니고 약한 몸으로 살아가기 위해 몸을 아끼게 되었고 운동을 통해 건강을 유지할 수 있었던 것이다.

마쓰시다가 자신의 상황 가운데에서 긍정적인 면이 아닌 부정적인 면을 바라보고 그 방향으로 해석하고 선택을 했다면 지금의 마쓰시다는 존재하지 않았을 것이다.

작심삼일,
삼칠일,
백일기도
[습관의 원리]

05

작심삼일, 삼칠일, 백일기도(습관의 원리)

운명은 그 사람의 성격이 만든다.
그리고 성격은 그 사람의 일상생활 습관에서 만들어진다.
그렇기 때문에 오늘 하루 좋은 행동의 씨를 뿌려서
좋은 습관을 거두어들이도록 하지 않으면 안 된다.
좋은 습관으로 성격을 다스린다면 그때부터 운명은
새로운 문을 열 것이다.

– 데커 –

● ● ●

감사쓰기를 시작하고 나서부터 알게 모르게 지점 내 분위기가 한결 좋아지고 있다는 느낌이 들었다. 감사일기를 통해 감사의 시각으로 하루를 바라보게 된 점이 자신과 주변에 편안한 에너지를 전하게 되니 이전의 사무실 분위기와 사뭇 다른 느낌이었다. 지점 내 동료들의 감사일기를 읽으며 상대를 이해하는 폭도 넓어지고 댓글을 달아주면서 조직 내 소통이 많이 좋아지고 있다는 생각이 들었다.

일부 영업조직은 함께 쓰고 나누는 감사쓰기가 정말 좋다며 감사노트를 가족들에게 사다 주고 같이 써야겠다는 의욕적인 모습도 보였다.

감사를 쓰고 전하는 감사운동이 잘 진행되는 것 같았다.

그렇게 감사쓰기가 2주쯤 지났을 무렵 부서 전체 조회시간에 3팀의 팀원인 한바탕씨가 불편한 심기를 드러내며 감사쓰기에 대해 거칠게 질문하는 사건이 벌어졌다.

"지점장님, 감사쓰기를 하면 좋다는 것은 알겠는데 열흘 정도 쓰니까 쓸 것이 없습니다. 그리고 쓸려고 해도 감사할 일이 없을 때는 어떻게 합니까? 하루 종일 돌아다녀도 실적도 없고 다 된 것 같았던 계약도 날아가는 판국에 무슨 감사를 하냐구요? 감사라는 게 마음에서 우러나와야 하는 것 아닌가요? 마음속으로는 감사할 일이 없는데 감사쓰기를 하라고 하는 것은 너무 가식적인 것 아닌가요?"

조회에 참여한 다른 영업가족들의 표정을 보니 대 놓고 말하지는 않았지만 한바탕씨의 의견에 동조한다는 반응이었다. 지점장인 나 역시 내심 고민하던 문제였기에 언젠가는 이런 질문을 받겠구나 생각하고 있었지만 막상 조회 시간에 공개적으로 질문을 받으니 마음이 편치만은 않았다.

내 생각을 들킨 것 같기도 하고 정곡을 찔린 것 같아 뭐라 할 말이 없었다. 이 상황을 유연하게 수습하지 않으면 군중심리가 발동해 지점 내 감사운동 진행이 어려워질 수도 있겠다는 생각이 들었다.

"한바탕씨가 지금 말한 의견도 일리가 있습니다. 그러나 회사에서 감사운동을 시작했을 때 이미 그런 문제도 예상하고 진행했을 것이라고 생각합니다. 우리가 교육시간에 들었던 것처럼 감사로 자신의 삶을 변화시킨 사람들도 처음부터 매일 써야 하는 감사일기 쓰기가 그렇게 쉽지만은 않았다고 했으니까요. 그럼에도 다들 그것을 극복하고 이겨낸 것이지요. 영업도 마찬가지 아닐까요? 실적이 높은 사람치고 고객에게 심한 거절을 안 당해 본 사람이 있을까요? 불쾌하고 무례한 거절에도 불구하고 그 상황들을 이겨냈기에 높은 실적이 가능했다고 생각합니다. 회사에서도 감사쓰기가 쉬운 일이 아님을 알기 때문에 감사나눔을 표준활동에 반영시키고 감사쓰기 활동을 격려도 하면서 시책에 반영해서 시책금도 지급하겠다고 하는 것 아닐까요?"

"지점장님 말씀을 못 알아듣겠다는 게 아니고 감사를 쓰라고만 하지 말고 감사할 일이 없을 때는 어떻게 해야 하는지도 가르쳐 주시면 좋겠다는 말씀을 드리는 것입니다."

'아니 내가 무슨 감사를 강의하는 강사도 아니고 자기들보다 며칠 먼저 교육받고 쓰기 시작했는데 방법을 나더러 다 알려 달라고 하면 어쩌자는 거야.' 괜히 괘씸한 생각이 들었다.

일단 조회를 마무리하기 위해 다음시간에 더 자세하게 서로의 의견을 나누어 보기로 했다. '감사쓰기를 안 하겠다는 것도 아니고 잘 해보고 싶다는 의지로 알고 있겠다' 는 말도 덧붙였다.

조회를 마치고 사업부의 이선수 팀장과 커피를 마시며 한바탕씨가 거론한 문제에 대해 이야기를 꺼냈다.

"이팀장은 감사쓰기 하는 데 어려움이 없나?"

"난 아직까지 큰 어려움은 없는데 왜?"

"오늘 조회시간에 한바탕씨가 감사할 일이 없는 날에도 어떻게 꼭 감사를 억지로 써야 하는지 툴툴거리며 신경질적으로 질문을 하는데, 나도 그런 상황을 겪어서인지 딱히 할 말이 없더라구. 그리고 며칠 동안은 괜찮더니 감사할 일도 바닥이 나는 것 같고 그날이 그날인 것 같기도 하고, 작심삼일은 넘은 것 같은데 감사쓰기도 슬슬 꾀가 나는 것 같아서."

"안 그래도 부장님이 오늘 아침에 각 지점별 감사쓰기 현황을 파악하시더니 며칠 전보다 쓰는 인원이 줄었다고 확인해 보라고 하시더군. 오늘 오후 회의에서 아마도 각 부서의 감사쓰기 현황을 점검하실 예정인 것 같아."

오후 회의 참석을 위해 회의실 문을 열고 들어서니 먼저 와 있었는지 고만석 부장과 마주앉아 이야기를 나누던 오미영 소장이 반갑다며 눈인사를 건네 왔다.

고만석 부장은 실적과 증원대상자 파악을 마치고 신상품 판매실적이 잘 되고 있지만 본부 내 타 사업부들도 우리 정도는 하고 있으니 가망고객들을 확실히 챙겨 본부에서 책정한 시책금을 우리가 많이 가져오자는 취지의 공지사항을 전달했다.

부서 전달사항에 이어 영업조직 감사쓰기 실시 후 2주차 현황에 대해 걱정스런 표정으로 감사쓰기 인원에 변동이 있음을 언급하며 각 지점별 상황을 점검하기 시작했다.

우리 지점이 겪고 있는 일들을 사업부 내 다른 지점들도 동일하게 겪고 있는 듯 했다.

세종로지점의 유명환 지점장이 먼저 의견을 꺼내 놓았다.

"처음 감사에 대한 강의를 듣고 며칠간 잘 작성을 했습니다. 그런데 1주일이 지나니까 한 두 명씩 빼먹기 시작하는데, 조회를 할 때마다 점검하고 독려를 하는데도 '쓸 것이 없다', '내 사생활이 오픈되는 게 싫다', '매일 쓰려니까 힘들다' 등등 어려움을 호소하고 있습니다."

그 말을 받아 광화문지점 주기적 지점장 의견이 이어졌다.

"저희도 똑같습니다. 처음에는 한 두 명이라 밀어붙이기도 했는데 이제는 여러 사람이 동조를 하니 쉽지가 않습니다. 표준활동과 연계를 해서 그나마 유지가 되지, 안 그랬으면 지금 쓰는 인원의 절반도 안 되었을 것 같습니다."

지점장들이 하는 이야기를 듣고 있던 오미영 소장은 자신이 이야기를 해도 되겠는지 물었다. 사업부장이 괜찮다는 신호를 보내자 일어나 앞으로 나가 프로젝터를 작동시켰다. 무언가 할 말이 있다는 단호한 표정이 엿보였다.

"지점장님들! 혹시 제가 처음 강의를 할 때 땡큐베이터 역할을 해 달라는 말씀을 드렸던 것 기억나시나요?"

오미영 소장은 지점장들 한 사람 한 사람에게 잠깐씩 시선을 고정시키며 다음 말을 이어갔다.

"땡큐베이터라는 용어는 첫 강의 때 말씀 드린 것처럼 땡큐와 인큐베이터가 합해서 만들어진 용어입니다. 감사가 좋다는 것은 누구나 알지만 그렇다고 해서 모두가 감사한 삶을 살고 있지는 않습니다. 사람들의 생각은 일반적으로 긍정적인 것보다 부정적인 것의 영향을 많이 받게 됩니다. 그리고 그런 부정적인 생각이 습관처럼 늘 머무르게 된다는 것입니다. 가만히 놔두면 대부분 긍정적인 사고보다 부정적인 사고에 더 익숙해 질수 있다는 것이지요. 예를 들어, 오랫동안 연락이 안 되던 친구가 갑자기 연락하면 어떤 생각을 하게 될까요?"

"반가운 생각이 들겠지요."

"혹시 부모님 돌아가셨나 하는 생각이 들 것 같은데요."

"뭔가 부탁을 하려고 전화를 한 것이라는 생각이 듭니다."

"보험 영업 시작했으니 보험 가입해 달라고 전화한 것 아닐까요?"

세종로지점의 조현수 지점장이 말하자 '맞아, 맞아' 하며 맞장구를 쳤다.

"한 가지만 더 말씀을 드리지요. 갑자기 본부장님으로부터 호출이 왔다고 할 때는 어떠세요? 본부장님이 갑자기 나를 칭찬할 일이 있어서 불렀다는 느낌이 더 많이 들까요? 아니면 무언가 잘못되어 호출을 한다는 생각을 먼저 하게 될까요?"

그렇다. 갑자기 호출 연락이 올 때 좋은 일이 있을 것이라는 기대보다 무언가 일이 잘못 되어서 부르는 게 아닐까 걱정이 되고 불안했던 경험이 있었다.

사람들은 부정적인 사고에 더 익숙하게 길들여져 있다는 말에 나도 모르게 고개가 끄덕여졌다. '그럼에도 불구하고 감사하기'는 큰 마음먹고 아무리 긍정적인 결심을 해도 계속 지속하기가 여간 어려운 것이 아니라는 말에 새삼 강한 공감이 느껴졌다.

오미영 소장은 화면을 넘겨 '감사습관 고리 만들기'를 보여주며 다시 질문했다.

"누구나 결심을 하면 지속하고 싶어 하는데 여러분이 결심을 하고 나서 제일 극복하기 힘든 시기는 언제였지요?"

"3일이요."

"네~ 맞습니다. 3일을 넘기기가 참 어렵습니다. 근데 왜 3일일까요?"

주기적 지점장이 대답했다.

"작심삼일 때문에 그런 것 아닐까요?"

① 고리생성기[3일까지]

"좋습니다. 그런데 작심삼일이라는 말은 왜 생겼는지 아시는 분 계신가요?"

나도 어디서 듣긴 했지만 선뜻 대답이 나오지 않았다.

그런 우리의 궁금해 하는 모습을 둘러보며 오미영 소장의 설명이 이어졌다.

"우리가 무언가 변화를 일으키고자 하는 마음을 먹으면 뇌에서 도파민이라는 신경물질이 분비됩니다. 도파민은 쾌락과 행복감, 몰입 및 의욕과 관련된 감정을 느끼게 하는 호르몬입니다. '세로토닌 하

감사습관 고리 만들기

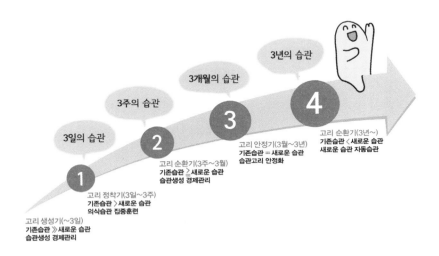

3년의 습관

3개월의 습관

3주의 습관

3일의 습관

4

고리 순환기(3년~)
기존습관 < 새로운 습관
새로운 습관 자동습관

3

고리 안정기(3월~3년)
기존습관 = 새로운 습관
습관고리 안정화

2

고리 순환기(3주~3월)
기존습관 ≳ 새로운 습관
습관생성 경제관리

1

고리 정착기(3일~3주)
기존습관 > 새로운 습관
의식습관 집중훈련

고리 생성기(~3일)
기존습관 ≫ 새로운 습관
습관생성 경제관리

라'의 저자 이시형 박사에 의하면 도파민의 유효기간은 3일이라고 합니다. 새해가 되어 금연을 결심하고 3일을 넘기기 어려운 이유 중 하나가 이것이지요. 금연을 하기로 결심을 하면 잘 해보겠다는 의욕과 함께 몰입할 수 있는 도파민이 분비되는데, 3일이 채 지나지 않아 소멸되기 때문에 이전 습관으로 되돌아간다는 것입니다. 따라서 감사습관의 고리만들기 표의 좌측 하단을 보시면 첫 번째 관문으로 3일의 습관고리를 이야기하고 있습니다. 이 때는 새로운 습관의 힘과 기존습관의 힘을 비교했을 때 기존습관의 힘이 비교할 수 없을 정도로 크게 나타납니다. 즉 기존에 해 오던 대로 하고 싶어 하는 심리가 작동하게 됩니다. 이 때 편도체의 반발에 직면합니다. 편도체는 원시적인 감정을 조절하는 기능을 가지고 있습니다. 따라서 편하게 지내고자 하는 습성을 찾아 3일 전으로 되돌아가는 상황에서 작심삼일이라는 단어가 생기게 된 것입니다."

숨을 돌리며 오미영 소장의 설명이 계속되었다.

"우리 조상님들은 참 대단한 것 같아요. 뇌에 대해서도 잘 모르고 호르몬에 대한 연구도 없었는데 어떻게 작심삼일이라는 말을 만들어 낸 것일까요? 그건 아마도 여러 사람의 행동특징을 살펴보니 결심을 하고 3일을 넘기기 어려운 경우가 많아서 만들어 낸 말이 아닐까 싶습니다."

우리는 결심했던 것을 실천하기가 왜 어려운지에 대해 조금은 이해하겠다는 표정으로 바라보았다. 오미영 소장은 길게 설명하느라 목이 마른지 물 한 잔을 다 마시고서 강의를 계속했다.

"그래서 3일의 벽을 넘으려면 습관을 생성하기 위한 의도적인 관리가 필요합니다. 여러분 중에 혹시 작심삼일을 극복할 수 있는 좋은 방법을 알고 계신 분이 계신가요?"

"결심을 아예 하지 않으면 되지예."

당주지점의 최고봉 지점장이 역시나 장난스럽게 대답을 하자 진지하던 분위기에 웃음이 빵 터져 나왔다.

② 고리순환기[3주까지]

"호호호, 그 방법 말고 결심을 하고서 작심삼일을 극복할 수 있는 방법은 없을까요?"

"혹시 3일에 한 번씩 결심을 하면 되지 않을까요?"

이선수 팀장이 이야기를 하자 다들 킥킥거리며 맞는 말이라고 맞장구를 쳤다.

"역시 이팀장님이 정답에 가까운 말씀을 하시네요. 새로운 습관을 만들려면 두 가지를 병행해야 합니다. 한 가지는 그 행동을 했을 때 즐거워야 하고, 다른 하나는 그 행동을 반복해야 한다는 것입니다. 앞에서도 말씀을 드린 것처럼 편한 것만 추구하는 편도체를 잘 다스려야 하는데 그 방법 중의 하나가 3일 단위로 결심을 하는 것입니다. 3일 단위로 감사쓰기의 환경을 바꾸어 본다든지 3일 동안 행동을 지속한 본인에게 보상을 해 주는 것입니다. 여기에서 말하는 보상이란 자신에게 그 행동을 지속시킬 수 있는 동기가 부여되는 것인데 어떤 것도 상관이 없습니다. 거울속의 본인을 바라보고 칭찬을 해 주는 것도 하나의 방법이 되겠구요. 맛있는 음식을 먹거나 평소에 사고 싶었던 물건을 사는 것도 보상이 됩니다.

자, 이제 작심삼일의 벽을 넘었다면 3주의 습관화 과정에 도전을 해야겠지요?

3주 즉 21일은 어떤 의미가 있는지 살펴보려 하는데, 여기 한번 보시기 바랍니다."

화면에 뇌사진이 크게 나타났다.

"우리가 어떤 생각을 하게 되면 대뇌피질에서 정보가 뇌간으로 전달되는데 이 때 대뇌피질에서 뇌간까지 정보가 전달되어서 이것이 습관으로 정착하는 기간이 21일 정도 걸린다고 합니다. 그래서 3일 단위로 계획을 세우고 보상을 해 가며 3주간 반복하다 보면 우리 뇌의 해마는 반복되는 이 행동을 중요한 행동으로 인식하고 중장기 기억으로 저장하려는 작용을 하지요. 그렇게 반복되면서 하나의 행동이 습관화로 이어지는 것입니다.

그러나 꼭 기억하셔야 할 것은 3일부터 3주간의 기간에도 기존 습관의 힘이 새로운 습관의 힘보다 크기 때문에 집중적으로 훈련을 해야 하고, 자기관리를 소홀히 하면 원점으로 돌아가는 경우가 발생합니다.

신기하죠? 우리 조상들은 아기를 낳으면 3주 동안 타인의 출입을 금하는 금줄을 쳐 놓고 지냈습니다. '삼칠일'이라고도 하고 '세이레'라는 표현을 쓰기도 하는데 3주라는 기간은 이렇게 여러모로 중요한 의미가 있습니다."

③ 고리 정착기[3개월까지]

"3주간 습관을 정착하기 위해 노력하고 성공하게 되면 불완전하기는 하지만 새로운 시도와 행동은 우리 몸에 어느 정도 익숙해졌다고 볼 수 있습니다. 이 때 비로소 기존 습관의 힘과 새로운 습관의 힘이 균형을 이루게 됩니다. 이후 3개월간 반복을 하면 장기 저장장치에 해당하는 측두엽의 잠재의식에 저장이 되기 때문에 굳이 의식을 하지 않아도 저절로 새로운 습관대로 행동하는 단계가 됩니다. 이 때를 습관고리가 안정적으로 정착되는 시기라고 할 수 있습니다. 3개월은 우리 몸의 세포가 거의 모두 바뀌는 시기이기도 합니다. 우리가 지금 하고 있는 감사프로그램도 최소한 3개월은 집중해서 반복해 주어야 습관화가 되고 그런 다음에 조직의 긍정적 변화를 기대해 볼 수 있습니다.

다시 한 번 우리 조상들의 지혜를 떠올려 볼까요? 우리 조상들이 꼭 이루고 싶은 소원이 있을 때 백일기도를 드렸던 것은 100일이 3개월에 가까운 것인 줄 알았던 것이지요. 조상들의 지혜와 통찰력이 대단하다는 것을 다시 한 번 느끼게 됩니다."

④ 고리 안정기 [3년까지]

"이제 어떠한 행동을 3개월 동안 지속하면서 습관화 되었다면 이러한 긍정적 습관이 무의식에서도 행동할 수 있도록 운영되는 시기를 고리안정기라고 할 수 있습니다. 이때는 하나의 새로운 습관이 정착되었기 때문에 특별한 갈등이 돌출되지만 않는다면 유연하게 지속될 수 있습니다."

⑤ 고리 자동순환기[3년이후]

"마지막 단계로 3년 정도 습관이 지속되면 이젠 완전히 고유한 습관으로 정착이 되는 단계입니다. 오히려 하던 대로 안하는 것이 어색하게 느껴지는 단계가 바로 이 마지막 단계인 것입니다. 가끔 사람들이 하는 말 중에 며칠 하기도 힘든데 어떻게 평생을 하는지 모르겠다고 하는데, 습관고리의 원리를 통해서 보면 정착하기까지 습관화 하는 것이 힘이 들지, 3년 정도 지속해서 습관이 되었다면 평생을 지속하는 것은 쉬운 일입니다.

지금까지 제가 설명해 드린 것 중에 가장 힘든 단계는 어느 단계일까요?"

습관고리에 대한 설명을 마치고 오미영 소장은 진지하게 듣고 있는 우리를 향해 질문했다.

"3년 아니겠습니까? 3일이야 어찌 해 보겠지만 3년을 우예합니까?"

역시나 최고봉 지점장이 진한 경상도 사투리를 섞어 가며 대답했다.

"저는 3주까지가 가장 힘들 것 같아요."

이선수 팀장은 3주간 유지하는 것이 힘들다고 대답했고, 유지점장은 작심삼일이 가장 힘들다고 말했다. 사람마다 힘든 시기가 제각각인 모양이다.

"모두 자신의 솔직한 의견을 말씀해 주셔서 감사합니다. 사람마다 느끼는 어려워하는 시기가 조금씩 다를 것입니다. 의지가 강하신 분들도 있고 약하신 분들도 있고 의지와 별개로 지속성 면에서 특징들도 다 다르게 나타나니까 일률적으로 말하기는 곤란한 것이 사실입니다.

작심삼일에서 3주로 가는 과정에서 보상에 대한 말씀을 드렸는데 이 부분을 조금 구체적으로 말씀을 드리겠습니다.

여러분은 매일 이를 닦으시죠? 그런데 왜 이를 닦는 걸까요?"

"이를 안 닦으면 충치가 생기지 않나요? 그리고 찝찝하잖습니까?"

유명환 지점장이 생각만으로도 불결하다는 표정을 지으며 대답했다.

"지점장님 말씀을 들으니 이를 안 닦으면 큰일이 날 것 같군요. 그런데 100년 전 사람들이 얼마나 이를 닦고 살았을까요? 우리나라는 이를 닦고 살았다는 특별한 통계는 없는데, 1900년대 초 미국인 중 7%만이 이를 닦고 살았다고 합니다. 그런데 지금은 모두가 하루에 세 번씩 이를 닦고 있습니다. 무엇이 전 세계인으로 하여금 이를 닦게 만들었을까요?

많은 분이 '이를 깨끗하게 하기 위해서' 또는 '남에게 불쾌감을 주지 않기 위해서'라고 생각하시는데, 우리가 이를 매일 닦게 된 배경에 사실 치약회사의 치밀한 전략이 있었다고 합니다.

여러분은 이를 닦은 후 이를 잘 닦았다는 것을 어떻게 느낄 수가 있죠?"

"입안이 개운해집니다."

"치아가 하얘지는 것 아닐까요?"

"이 닦고 나면 입 안이 화해지면서 얼얼한 느낌이 들지요."

모두 자신의 경험을 토대로 한 마디씩 했다.

"그렇습니다. 이를 닦으면 입안이 개운해지고 이가 하얘지고 화한 느낌이 들죠.

미국에서 치약이 처음 소개되던 때 많은 치약회사들이 치태를 제거하는 것과 아름다움을 내세워 광고했습니다. 그러나 이러한 전략이 소비자의 마음을 사로잡아 양치질을 하도록 만들지는 못했습니다. 그런데 펩소던트라는 회사가 구연산과 박하유를 혼합한 화학물질이 들어간 치약을 선보이자 사람들은 펩소던트로 양치질을 한 뒤 이팀장님이 말씀하신 것과 같이 화한 느낌이 들면서 '내가 이를 닦았구나' 라는 생각이 들게 되었다고 합니다. 자 이 표를 한 번 보시죠."

오미영 소장은 화면을 넘겨 양치질을 하는 습관의 사이클이 어떻게 구성되어 있는지를 보여 주었다.

"양치질이 습관화 되는 과정입니다. 뇌는 음식을 먹고나서 치태로 인한 입안의 찝찝함을 느낀 뒤 이를 닦고 싶다는 신호를 보냅니다. 그러면 우리는 이를 닦으며 하얀 치아와 입냄새 제거라는 보상을 얻습니다. 하지만 정작 우리로 하여금 이를 닦는 행동을 반복하게 만든 것은 깨끗한 치아나 냄새가 없어지는 것이 아니었다는 것입니다.

펩소던트가 히트를 치기 전에도 이미 미국에서 여러 치약이 존재했고, 그 치약들도 '깨끗한 치아' 나 '입냄새 제거' 등의 광고를 하며 소비자들이 선택하기를 기대했지만 많은 사람의 선택을 받지 못하고 있었습니다. 미국에서 이를 닦는 사람의 비율이 7% 밖에 되지 않았을 때 구연산과 박하향을 첨가해 이를 닦고 나면 상큼하고 얼얼한 느낌을 갖게 하는 것으로 이를 닦은 느낌이 들도록 했다는 것이지요. 그러한 느낌을 통해 이를 닦았다는 만족감을 심어 준 것입니다.

사실 입안이 화해지고 얼얼한 느낌은 이를 깨끗하게 하는 것과 아무 연관이 없다고 합니다. 그런데 양치질을 한 후 입안이 얼얼함을 느끼며 이를 잘 닦았다는 생각을 하지요. 입안이 얼얼해 지는 느낌을

양치질의 습관 사이클

[펩소던트 사례]

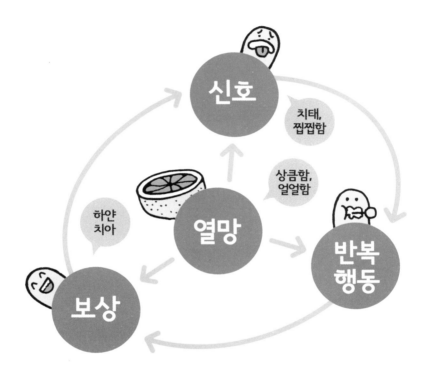

통해 이를 잘 닦았다는 생각을 하게 되었고, 입안이 얼얼해지는 것을 얻고 싶다는 열망이 이를 닦는 행동을 반복하도록 만들었다는 것이지요.

거품도 마찬가지입니다. 양치질을 하는데 거품은 굳이 필요가 없다고 합니다. 하지만 여러분 어떠세요? 거품 없이 양치질을 하면 양치질을 잘 했다고 느끼시겠습니까? 거품 또한 얼얼한 느낌과 마찬가지로 이를 잘 닦고 있는 것 같은 느낌이 들게 하는 역할을 하는 것이지요. 거품이 적게 나면 이를 잘 닦지 않은 것 같은 느낌을 가지게 되기도 합니다.

이처럼 어떤 행동을 반복하도록 만드는 요소 중의 하나가 그 일을 지속할 수 있도록 하는 열망입니다.

더 재미있는 사실은 치태를 제거하는 것은 사과를 먹거나 손가락으로 이를 문지르거나 물로 조금만 세게 헹궈도 제거가 된다고 합니다. 치태를 제거하는 것에 초점을 맞춰 광고를 했지만 정작 소비자들이 양치질을 하는 행동을 반복하도록 만든 것은 다른 이유가 있었던 것입니다."

우리는 자신들이 알고 있는 양치질에 대한 고정관념이 실제 효과와 무관하다는 사실에 황당하다는 표정을 지었다.

"펩소던트는 입안이 얼얼해지게 만드는 것을 무기로 10년 만에 미국인의 65%가 이를 닦게 만들었고 여세를 몰아 중국과 프랑스, 영국 등으로 시장을 확대하며 전 세계에서 가장 많이 팔리는 치약이 되었었습니다."

다시 한 번 표를 보시면 치태 등으로 인한 찝찝함이 이를 닦아야 한다는 신호를 보내게 됩니다. 그리고 우리는 이를 닦는 반복적인 행동을 통하여 하얀 치아, 충치 예방 등의 보상을 얻게 되는 겁니다. 그런데 이 안에 상큼함과 얼얼한 느낌의 열망을 집어넣어 이를 닦는 반복적인 행동이 가능하도록 만든 것이지요."

　오미영 소장은 하던 말을 마치고 물을 마시며 양치질을 할 때 입안을 헹구는 것과 같은 포즈를 취하며 강의를 이어갔다.

　"펩소던트 치약을 통해 제가 여러분에게 드리고 싶은 이야기는 이것입니다.

　양치질을 지속적으로 반복하게 했던 원리를 그대로 응용해 보았습니다.

　감사를 습관화하려면 우리가 감사일기를 쓰고자 하는 신호가 필요합니다. 이 신호는 저녁에 자기 전 쓰겠다는 다짐일 수도 있고 알람소리를 신호로 할 수도 있습니다. 우리는 입안이 찝찝할 때 이를 닦기도 하지만 밥 먹은 뒤나 자기 전에 닦겠다고 이를 닦는 시기를 정해 놓는 것과 같습니다. 우리 회사는 표준활동에 반영하기 때문에 시스템에 접속할 때 체크가 되는 것과 조회시간을 통해 강조되는 것이라 할 수 있죠.

　그리고 이러한 감사쓰기, 감사행동, 감사독서를 반복적으로 행하면 개인이 행복해지고 가정이나 직장 등 조직이 행복해지는 보상을 얻게 되는데, 반복행동을 하려면 열망이 필요하다고 했습니다. 감사행동을 반복하기 위한 열망은 개인적으로 다르게 나타날 것입니다. 가정에서 배우자와 불편한 관계에 있는 분 같으면 배우자와 관계회복이 열망이 될 수 있습니다. 마음의 위로를 필요로 하는 분은 그것이 열망이 되겠지요. 그렇다면 감사쓰기를 통해서 받을 수 있는 보상은 어떤 것이 있을까요?"

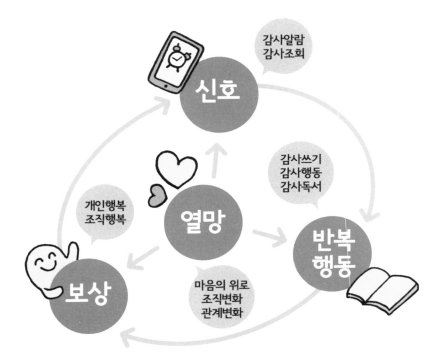

질문을 하며 오미영 소장은 우리를 한 번 쭉 둘러보았다.

"무엇보다도 사람들과 관계개선이 되지 않을까요?"

"영업조직이 긍정적으로 바뀌어 실적이 개선될 것 같은데요."

"감사한 삶을 살게 되니 우선 감사를 쓰는 개인이 행복해질 것 같습니다."

다들 한 마디씩 거들었다.

"와우! 이제 여러분 모두가 감사의 고수가 되신 것 같습니다. 그렇습니다. 감사를 지속하려면 신호와 열망이 필요하고 그러한 신호와 열망 덕분에 감사쓰기를 지속하면 변화를 겪게 되는데 이것이 바로 보상이 될 것입니다.

오늘 강의를 마무리하면서 삼국유사에 나오는 단군신화의 한 토막을 들려 드리겠습니다. 환웅에게 찾아와 사람이 되길 원했던 동물이 두 마리 있었습니다. 곰과 호랑이죠. 그런데 환웅이 이들에게 며칠 동안 햇빛을 보지 않고 쑥과 마늘을 먹으면 사람이 된다고 했을까요?"

"100일 아닙니까?"

조용히 듣고만 있던 내가 대답을 하자 오미영 소장이 나를 바라보고 맞다는 신호로 고개를 끄덕이고 나서 다시 질문을 했다.

"호랑이는 견디지 못하고 굴을 빠져 나갔고 곰은 견뎌서 여자가 되었습니다. 굴에 들어가서 쑥과 마늘을 먹은 지 며칠 만에 여자가 되었을까요?"

"그것도 100일 아닌가요?"

내가 다시 대답을 하자 오미영 소장이 미소를 지으며 아니라고 했다.

"곰이 여자가 된 것은 21일째입니다. 삼국유사를 보면 '삼칠일(三七日)을 기(忌)했다'라는 표현이 나옵니다. 저는 이것이 무슨 의미일까 생각해 보았습니다. 실제로 곰이 사람이 되었다는 이야기를 하자는 것이 아니고 21일과 습관을 연결시켜 보았습니다.

처음에 곰과 호랑이에게 약속하기는 100일이 되어야 사람이 된다고 했죠? 그런데 21일 만에 여자가 되었죠? 우리가 어떤 것을 습관화하는데 필요한 기간은 21일 가량입니다. 하지만 21일을 지속했다고 해서 습관화가 완성된 것이 아니라는 것입니다. 우리 몸의 세포 하나하나가 이것을 기억해 습관화하려면 3개월 즉 100일 가량이 필요하다고 했지요?

곰이 쑥과 마늘을 먹고 21일 만에 여자의 모습은 갖추었지만 그것으로 사람이 되었다고 보기는 어렵고 100일 정도의 시간이 흘러야 모습뿐만 아니라 인격까지도 갖춘 온전한 사람이 된다는 의미가 아니었을까 생각합니다.

습관도 21일 정도가 되면 어느 정도 모양을 갖추기는 하지만 완성되었다고 말하기는 어렵습니다. 100일 가량이 되어야 몸에 체화 되는 것이니 여러분과 각 지점의 영업가족들이 이를 습관화 하는데 최소 3개월은 투자를 하셔야 한다는 점을 인식해 주시면 고맙겠습니다."

오미영 소장의 강의는 언제 들어도 똑 부러지는 강의다. 습관이라는 것이 일정시간이 지나야 정착된다는 것은 알고 있었지만 원리와 함께 설명을 들으니 이해하기가 훨씬 쉬웠다.

지금껏 새로운 습관을 들이기가 왜 이렇게 어려웠는지 충분히 이해가 되었고 우리 지점을 비롯해 사업부 내의 영업조직들이 감사쓰기의 습관에 어려움을 겪는 상황을 충분히 이해할 수 있는 시간이었다.

　오전 조회시간에 한바탕씨가 불편한 심기로 감사쓰기에 대해 항의했던 일이 떠올랐다. '오늘 강의를 미리 들었더라면 그 때 답변을 어느 정도 시원스럽게 해 줄 수도 있었을텐데' 라는 아쉬운 생각이 들었다.

　지점의 영업조직이 감사쓰기를 자연스럽게 할 수 있는 상황을 만들려면 더러 집중관리를 해야 하는 상황도 있고 의식적이고 의도적인 관리를 해야 하는 경우도 필요하다는 생각이 들었다.

습관의 원리

사하라 사막의 투아레그족은 그들만의 독특한 교육법이 있다.

아이들이 일정나이가 되면 '마법의 돌'을 찾아 어른 지도자와 함께 거친 모래 폭풍이 몰아치는 사막을 3개월 이상 고통의 행군을 해야 한다.

기나긴 고통의 여정 끝에 드디어 목적지에 도달하자 거친 모래와 돌 뿐 '마법의 돌'은 어디에도 없다.

아이들은 불만을 터뜨린다.

이때 지도자 어른은 이렇게 말한다.

"너희가 3개월 동안 고난의 행군을 하면서 얻은 '습관'이 바로 마법의 돌이다. 너희는 이제 어떠한 시련이 와도 그것을 이겨낼 수 있는 신비한 능력을 지니게 된 것이다"

습관을 만드는 3-3-3의 법칙

첫 번째 3 - 3일

뇌에서 분비되는 호르몬인 도파민의 유효기간은 3일이다. 따라서 사람이 무언가 결심을 하고 처음에 지키려고 하지만 3일을 넘기기가 어렵다. 그래서 '작심삼일'이라는 말도 생긴 것이다.

3일의 위기를 극복했다면 습관화를 하기 위한 첫 번째 관문을 잘 통과했다고 보아도 좋다.

두 번째 3 - 3주

3일 동안 감사행동을 지속한 뒤에도 새로운 습관은 우리 몸에 익숙하지 않다. 따라서 언제든지 과거의 습관으로 돌아가려고 하는데 두 번째 습관화의 관문이 3주간 지속하는 것이다. 3주간 지속하려면 자신의 행동에 대해 인정하고 칭찬을 해 주는 방법이 필요하다. 경우에 따라 3일에 한 번씩 결심을 하는 방법이 있기도 한데, 결심도 자주하면 내성이 생겨 결심만 한다고 해서 가능한 것은 아니고 인정과 보상이라는 것을 통해 습관화 하려는 행동을 강화시키는 노력이 필요하다.

세 번째 3 – 3개월

3주의 관문을 통과했다면 습관화 과정의 50%는 성공했다고 보아도 좋다. 하지만 완성된 것은 아니다. 우리 몸의 세포는 매일 조금씩 새로워지는데 우리 몸의 세포 모두가 바뀌는 시간이 3개월 가량 걸린다. 따라서 3개월간의 습관화를 하게 된다면 우리 몸의 세포가 새롭게 적용된 습관을 기억하기 때문에 지속하기가 쉬워진다.

문제는 이런 일을 겪고 나면 감사일기가 다 뭐냐 싶어서
만사가 짜증이 나고 귀찮아진다는 것이다.
감사쓰기도 싫어졌다. '감사쓰기를 하는 사람이 이렇게 살아도 되는가?'
스스로 자괴감이 밀려와 감사 쓰는 것을 지속하기
어려운 상황이 계속되었다.

위험한 기회,
행복한 선택
– 감사몸살

위험한 기회, 행복한 선택
– 감사몸살

감사할 줄 모르는 자들을 벌하는 법을 따로 세우지 않는 까닭은
감사할 줄 모르는 자들은 스스로가 고통을 초대하기 때문이다.
– F. 라이피곱스 –

● ● ●

감사운동이 시작되면서 내게 참 많은 변화가 찾아
왔다. 무엇보다도 가장 큰 변화는 아내와 관계가 많이 좋아졌다는 것
이다.

감사쓰기를 시작한 지 얼마 되지 않아 어머니께 100가지 감사한
것을 편지로 써서 드렸다. 지난 설날 때 살림이 어렵다보니 어머니께
용돈을 넉넉하게 드리지 못해 죄송스럽던 차에 교육받을 때 써 보았
던 감사편지를 완성해 드렸던 것이다.

누구나 그렇듯 낳아주셔서 감사하고, 길러 주셔서 감사하고, 무엇
을 해 주셔서 감사하다는 내용을 30개쯤은 쉽게 써 내려갔다. 그렇
게 100개는 금방 쓸 것처럼 쓰기 시작했는데 막상 30개를 쓰고 나니

더 이상 쓸 것이 생각나지 않았다. 곰곰이 어렸을 때 일을 떠올리기 시작했다. 어릴 때 많이 아파 죽을지도 모른다고 했을 때 교통편도 불편했던 그 시절에 창신동 산동네에서 동대문을 거쳐 혜화동까지 억척스럽게 나를 업고 다니며 침을 맞혀 살려 내셨다는 어머니의 말씀이 생각났다. 지나간 일들을 생각해 보니 감사한 일이 한 두 가지가 아니었다. 어머니의 은혜가 하늘같다는 말이 참말인 듯 감사편지를 쓰는 내내 가슴이 먹먹해지고 콧날이 시큰거렸다. 지나온 어머니와 추억을 더듬어 가면서 감사편지를 완성하여 어머니에게 가져다 드렸다. 어머니는 두둑한 용돈을 드렸을 때보다 더 감격해 하시며 그 옛날 있었던 일을 어떻게 다 기억해 냈느냐며 울먹이셨다.

나중에 안 사실이지만 어머니께 드렸던 감사편지는 두고 두고 동네 지인들과 친척들에게 자랑거리가 되었다고 한다. 이모님들이 집에 오시면 '우리 병욱이가 이런 걸 써서 주었다' 며 꺼내 놓고 자랑을 하셨다고 한다.

어머니를 한없이 기쁘게 해드렸던 감사편지. 그런데 아내에게는 감사편지가 쉽게 써지지 않았다. 서로가 그 동안 주고 받았던 말의 상처 때문이었다. 나도 아내에게 모진 말로 상처를 많이 주었지만 아내도 내게 한 마디도 지지 않고 대응 했던 말들이 내게도 상처로 남아 있었다. 몇 번을 쓰려고 시도했다가 그만두곤 했다. 그러다가 아내의 생일이 다가오자 이번 기회에 꼭 아내에게 100가지 감사한 것을 적어보자는 결심이 굳어졌다. 막상 100감사를 쓰기로 작정을 하고 써 내려 가다보니 생각보다 빨리 100감사 편지를 완성하게 되었다. 그런 나 자신이 스스로 생각해도 놀라웠다. 오죽하면 100번째 감사로 '당신에게 100가지 감사한 것을 적는데 별다른 고민이나 어려움 없이 써 내려갈 수 있도록 내게 감사한 경험을 많이 갖게 해 주어서 감사합니다.' 라고 적었을 정도였을까!

아내에게 100감사를 다 쓴 것이 사뭇 기쁘기도 하고 스스로 잘했다는 생각에 얼른 집에 들고 가 아내에게 읽어주고 싶었지만, 직접 전달할 용기가 없어 봉투에 담아 봉한 후 아내의 책상 위에 조용히 올려놓았다. 그리고 시간이 꽤 흐른 지금까지도 100감사를 전해 준 것에 대해 아내도 나도 아무런 대화를 나누지 않았다. 아내가 읽은 것을 확인한 것도 봉투가 뜯어져 있었기에 읽었겠구나 생각을 할 뿐이었다.

하지만 그 감사편지를 전해준 이후 아내가 나를 대하는 태도가 조금씩 달라지기 시작했다.

나도 아내도 서로에게 자극이 되는 말을 조심하기 시작했고 한 동안 끊어졌던 대화의 시간을 가져보려고 서로가 노력했다.

감사쓰기로 많은 변화를 가져왔던 사람들의 사례처럼 감사의 힘이 기대했던 것보다 훨씬 클 수도 있겠다는 기대감이 들었다.

그렇게 아내와 관계가 유연해지고 조금씩 나아지면서도 내게 통제가 잘 안 되는 상황이 하나 있었다.

그건 하나 밖에 없는 아들 해성이와 관계였다. 해성이는 결혼해서

8년 만에 어렵게 낳은 아들이라 태어나면서부터 일가친척들과 주변에서 '귀한 아들'이라고 불러 주는 아이였다.

아내의 건강이 아이를 낳기 전부터 좋지 않았고 해성이가 돌이 되던 해에 아내의 뇌에 종양이 발견되어 뇌수술을 받으면서 우리는 둘째 아이 낳을 생각을 접어야 했기에 아이는 해성이 하나로 만족해야 했다.

해성이는 학교에 입학할 무렵부터 친구들과 관계 맺는 것을 힘들어 했는데, 검사를 해 보니 ADHD(주의력결핍과잉행동장애)라는 판정을 받았다. 보통 아이들과 달리 잠시도 혼자 있는 것을 견디지 못했고 끊임없이 자신을 바라 봐 달라고 졸라 대는데 아무리 부모이고 아빠라고 하여도 아이와 함께 있다 보면 지치지 않을 수가 없었다.

혼자 정리정돈도 못하고 무엇을 하든 그 자리에 그냥 내팽개쳐 두곤 하니 집안도 늘 엉망이었다. 내가 그걸 못견뎌하자 아내는 '둘 다 똑같은데 뭘 그러느냐'며 더 큰소리로 아이를 나무라는 나에게 핀잔을 했다.

나도 정리정돈을 잘 하고 사는 편은 아니지만 아이 앞에서 똑같다고 하는 아내가 무척이나 야속했다.

아내는 당신도 이참에 검사를 한 번 받아 보라고 했다. 아내가 나에게 성인 ADHD 같다고 말을 하여 혹시나 하는 마음에 검사를 받아 보니 아내의 말대로 나에게도 ADHD가 있는 것으로 결과가 나왔다. 검사 결과를 알고 나서도 내가 가진 것 중에서 못 마땅한 것을 아이를 통해 다시 보게 되어서인지 유독 아이에게만은 소리를 지르는 행동이 잘 고쳐지지 않았다.

  자제해야지 하는 생각을 하다가도 아이의 행동을 바라보면 화가 치밀어 올랐고 곧바로 격한 감정을 표현해 버렸다. 사실 감사편지를 쓴 이후에 아내에게 버럭 소리지르는 버릇을 고쳤지만(사실은 숨기고 있다고 하는 것이 맞겠다. 그런 행동을 계속하면 아내가 더 이상 나와 살 것 같지가 않아 자제를 하는 것이었다.) 해성이에게 소리를 지르는 나쁜 습관은 통제가 되질 않았다.

  특히 약속 시간이 다 되었는데도 꾸물럭 거리면 참지 못하고 소리를 버럭 지르고 아이에게 위협적인 행동을 반복하곤 했었다.

  아이는 겁에 질려 벌벌 떨면서 다음에는 그러지 않겠다고 말하지만, 돌아서면 5분도 채 되지 않아 같은 행동을 반복하니 아무리 참으려 해도 또 다시 화가 치밀어 올라 소리를 지르는 나의 행동도 반복이 되었다.

  문제는 이런 일을 겪고 나면 감사일기가 다 뭐냐 싶어서 만사가 짜증이 나고 귀찮아진다는 것이다. 감사쓰기도 싫어졌다. '감사쓰기를 하는 사람이 이렇게 살아도 되는가?' 스스로 자괴감이 밀려와 감사 쓰는 것을 지속하기 어려운 상황이 계속되었다.

  주변을 보니 나만 어려움을 겪는 것이 아니었다. 감사쓰기를 하다 보니 각각 다르게 나타나지만 감사쓰기에 대한 어려움을 호소하는 사례가 여러 유형으로 나타나고 있었다. '나만 힘든 것이 아니었구나' 라는 안도감도 들었다.

  이참에 우리 지점을 중심으로 감사쓰기를 방해하는 요인이 어떤 것이 있는지 파악해 보기로 했다.

작정하고 감사쓰기에 걸림돌이 되는 다양한 사례들을 들어보니 무엇보다도 가장 힘든 상황으로 꼽은 것이 나의 경우처럼 화를 내게 되면 감사를 한다는 것이 가식처럼 느껴져 감사일기를 쓰거나 감사실천이 힘들어진다는 것이었다.

또한 매일 감사를 쓴다는 사람들 중 인격적으로 문제가 야기되는 불편한 행동을 반복하고 툭하면 이중성을 드러내니 '그런 사람들은 어디 가서 감사일기를 쓴다는 말이나 하지 않았으면 좋겠다' 는 듣기 민망한 의견들도 있었다.

정도가 심하지는 않았지만 특별히 감사할 만한 일이 없을 때 감사를 쓰기가 어렵다는 의견도 많이 나왔다. 감사할 일이 많거나 하루 일과 중 활동을 많이 하는 날에 감사일기를 쓰는 것이 신이 날 때도 있지만, 휴일이나 주말에 하루 종일 집에만 있는 날엔 별로 한 일이 없는데 뭘 가지고 감사를 쓰느냐며 난감하다는 말도 많이 해 왔다.

무엇보다도 제일 힘든 일은 감사를 지속적으로 실천하는 일이었다. 감사가 좋다는 것을 아는 것과 지속시킬 수 있는 것은 다른 것이다. 회사에서 정책적으로 한다니까 따라할 수는 있지만 자발적으로 지속하기에 결코 쉬운 일이 아니란 생각이 들었다.

땡큐베이터로 임명된 지점장인 나 자신도 감사쓰기를 지속하는 것이 때론 힘이 드는 상황인지라, 여러 가지 이유를 대면서 감사쓰기를 힘들어 하는 영업가족을 설득하며 긍정적인 에너지를 유지하기란 쉽지 않은 일이었다.

감사나눔을 선포하던 시점에 회사에서 단체로 구입하여 필독서로
준 책이 '100감사로 행복해진 지미이야기' 라는 책이다. 호기심 가득
함으로 그 책을 받아 올 때에도, 어머니와 아내에게 100감사를 써 준
경험이 있는 최근에도 '설마 100감사를 쓴다고 얼마나 행복해질까?'
라며 여전히 의아한 생각을 가지고 있었다.

받아온 책을 책꽂이에 꽂아 두고 며칠 동안 밀린 일처리 때문에 읽
을 생각도 못하고 있다가 감사쓰기에 어려움이 생기다 보니 지미라
는 사람은 무엇 때문에 행복해졌고 행복을 찾은 요소는 어떤 것이 있
는지 궁금해지기 시작했다.

감사나눔을 선포하던 시점에 회사에서 단체로
구입하여 필독서로 준 책이
〈100감사로 행복해진 지미이야기〉 라는 책이다.

책에는 엄마와 관계가 악화되면서 집을 나가 엄마와 따로 살던 유지미라는 아가씨가 감사를 만나 개인이 행복해지고 엄마와 관계도 회복된 이야기가 전개되어 있었다.

엄마와 갈등이 심했던 유지미씨는 어느 날 엄마의 핸드폰에 저장된 자신의 이름이 '싸가지'인 것을 발견하고는 속상한 것을 참지 못하고 엄마에게서 독립을 선언하며 집을 나와 엄마와 따로 살게 된다.

첫 직장으로 감사나눔신문사에 입사하면서 '행복나눔125'를 만났고, 기업과 지자체, 학교 등에 널리 전파를 시작하면서 감사신문사가 먼저 실천하겠다는 의지로 신문사는 전 직원에게 매일 5감사를 쓰도록 했다. 그 당시 감사할 일이 없는 상황에서 감사를 매일 써 가는 어려움을 유지미씨도 겪었다.

그러던 어느 날 안남웅 목사로부터 100감사를 100일간 써 보라는 제안을 받게 된다. 하루에 5감사도 쓰기 어려운데 100감사를 쓰라니 그것도 100일씩이나…

말도 안 되는 이야기라고 생각했지만 하루에 100감사를 쓰다 보면 감사가 체질화 되고 삶에 엄청난 변화가 있을 것이라는 말에 솔깃해진 유지미씨는 지금 상황에서 변화되고 싶은 간절한 마음에 100일 동안 100감사쓰기에 도전했다.

집에서 엄마에게 '싸가지'로 불리고 회사에서 '은행녀', '우체국녀', '날라리' 등으로 불리며 아웃사이더로 살았던 그녀지만 매일 100감사를 써가는 동안에 태도, 표정, 업무자세 등이 바뀌게 되었고, 더 이상 아웃사이더가 아닌 감사신문사의 마스코트이자 기자 겸 대표강사가 되어서 전국을 돌아다니며 감사강의를 하는 유명강사이자 베스트셀러의 저자가 되었다.

이러한 유지미씨의 변화를 눈 여겨 보던 '행복나눔 125' 운동의 주창자인 손욱 회장께서 '본인의 변화사례를 강의해보지 않겠느냐'는 제안을 해서 강의도 하고 책도 쓰게 되었다.

그녀는 광양시청 시무식 강의를 시작으로 우리나라 감사경영의 효시라 말할 수 있는 포스코ICT 강의를 통해 명실상부한 우리나라 최고의 감사아이콘으로 자리매김을 하게 된다.

책에는 본인의 변화된 경험과 강의 현장에서 수집한 감사로 변화를 겪은 사람들의 감동적인 사례가 생생하게 담겨 있었다.

책의 표지에는 '100감사를 100일 동안 쓰면 정말 행복해질까?' 라는 글이 쓰여 있었다. 유지미라는 사람이 100감사를 써서 행복해졌다면 나도 100일 동안 100감사를 쓴다면 행복해질 수 있지 않을까 하는 생각이 들었다.

한 두 번은 100감사를 써볼 수 있겠지만 100일 동안 100개의 감사를 쓴다는 것은 물리적으로 불가능해 보였다. 하지만 지금 생활에 대해 변화를 경험해 보고 싶은 마음도 있었고 행복해 지고 싶은 강렬한 열망이 있었기 때문에 한 번쯤은 도전해 보고 싶다는 생각이 떠나지 않았다.

감사쓰기를 하면서 나도 감사로 몸살을 앓았지만 유지미씨의 책을 읽다보니 책까지 쓸 정도로 감사의 고수가 된 사람도 감사를 실천하며 몸살을 겪었다는 사실이 적잖은 위안이 되었다.

세상의 모든 업적이 고통 없이 그냥 주어지는 것은 하나도 없었다.

'우리 한 번 열차를 밀어 볼까요?' 하고
전동차에 손을 대고 밀기 시작했다.
한 두 사람이 힘을 합쳐 밀기 시작하자 역에 있던 사람들뿐만 아니라
전동차 안에 있던 사람들까지 내려 전동차를 밀기 시작했다.

멀리 가려면
함께 가라
[시너지의 원리]

07

멀리 가려면 함께 가라
(시너지의 원리)

빨리 가려면 혼자 가고 멀리 가려면 함께 가라

- 아프리카 속담 -

• • •

컴퓨터를 켜고 메일함을 열어보니 업무에 관련된 메일이 이곳저곳에서 많이 들어와 메일함을 가득 메우고 있었다. 메일을 확인하다가 '3의 법칙'에 관한 내용을 보게 되었다. 내용이 궁금해져서 유투브에서 동영상을 찾아보았다.

모 방송국에서 몇 년 전 방영했던 것인데 이 방송사는 길거리에서 군중심리와 연관이 있는 실험을 했다.

그 실험은 아무것도 없는 하늘을 올려다보는 사람을 보고 주변에 지나가는 사람들이 어떤 반응을 하는지를 알아보는 실험이었다.

첫 번째 상황은 한 사람이 우두커니 서서 아무것도 없는 하늘을 손으로 가리키며 서 있었다. 그 옆을 지나가는 사람들이 별반 아무도 그 사람의 행동에 신경을 쓰지 않았다.

두 번째 상황은 그 사람 옆에 또 한 사람이 같은 방향의 하늘을 향해 손을 뻗으며 뭔가가 있다는 것처럼 쳐다보는 상황이었다.

이런 상황에서도 별다른 변화는 없었다. 단지 변화라고 한다면 지나가는 사람들 중 몇 사람이 하늘을 올려다보며 '뭐가 있다는 거야'라는 말을 중얼거리면서 가던 길을 그냥 가 버렸다는 것이다.

세 번째 상황은 방금 전 두 사람 곁에 또 한 명이 다가가 같은 방향의 하늘을 올려다보는 상황이었다. 그때 갑자기 주변 사람들이 관심을 가지며 가던 길을 멈추고 그들이 가리키는 방향의 하늘을 다 같이 바라보기 시작했다. 한 두 사람 멈춘 것이 아니고 길을 가던 사람들의 방향과 흐름을 바꾸어 버린 것이다.

또 한 장면. 2005년 지하철 5호선 천호역에서 있었던 장면을 보여주었는데, 천호역에 지하철이 들어오고 있는 상황에서 노인 한 분이 전동차가 들어오고 있는 쪽으로 걸어오더니 실수로 전동차와 승강장 사이로 빠져 버렸다.

지하철역에 많은 사람이 있었지만 너무나 놀란 나머지 사람들은 아무것도 할 수 없었다. 그런데 누군가가 '우리 한 번 열차를 밀어 볼까요?' 하고 전동차에 손을 대고 밀기 시작했다. 한 두 사람이 힘을 합쳐 밀기 시작하자 역에 있던 사람들뿐만 아니라 전동차 안에 있던 사람들까지 내려 전동차를 밀기 시작했다.

한량에 33t이나 되는 전동차가 기우뚱 하고 움직이자 사람들은 더 힘을 내게 되었고 전동차와 승강장 사이를 벌린 틈을 이용해 재빨리 노인을 구출해 낸 것이다.

'3의 법칙'이라는 것을 보고 있자니 2년 전 신촌에서 겪었던 일이 생각났다.

2년 전 같은 회사에 근무하던 이훈주 선배와 신촌로터리 부근을 걸어가고 있었는데 갑자기 뒤에서 비명소리가 들리더니 얼마 지나지 않아 한 여자가 우리를 밀치고 앞으로 뛰어 가는 것이었다. 잠시 후 건장한 체격의 남자 한 명이 10여m쯤 따라가서 그 여자의 머리채를 낚아채더니 땅바닥에 여자를 넘어뜨리고 폭행을 하기 시작했다.

백주 대낮에 시내 한복판에서 그런 일이 벌어질 것이라고 상상하지 못했던 우리 일행은 앞으로 걸어 가다보니 사건이 벌어진 현장 앞에 서 있게 되었다.

그 때 내 마음 속에서는 '그냥 두면 안 된다. 어떻게든 말려야 한다.'라고 말하고 있었지만 내 입은 떨어지지 않았다. 이유는 두려웠기 때문이다. 앞에서 소개한 건장한 남자는 '무얼 하는 사람이냐'고 물어보지 않더라도 깡패나 조직폭력배처럼 보였다. 괜히 건드렸다가 불똥이 나에게 튈지 모른다는 염려가 되어 이러지도 못하고 저러지도 못하는 사이 여자는 그 자리에서 여러 사람이 보는 가운데 폭행을 당하고 있었다.

불과 3~4초 정도 되는 시간이었지만 너무나 놀라 아무것도 하지 못하고 있는 그 때 어떤 아주머니가 소리를 쳤다.

"남자들 뭐해요. 여기 여자가 길거리에서 매 맞고 있는데 가만히 있을 꺼예요?"

그렇게 주변에 있는 사람들에게 도움을 요청하는데 바로 나와 눈이 딱 마주쳤다. 그 아주머니의 목소리를 들으며 잠에서 깨어난 것 같은 느낌이 들었다. 그 때 나도 모르게 소리를 질렀다.

"아저씨 뭐하는 거예요!"

옆에 있던 이훈주 선배도 가세했다.

"그만두지 못해요!"

그러자 놀라운 일이 벌어졌다.

주변에 구경만 하고 있던 사람들 20명이 달려들었던 것이다. 그때 기세등등하던 그 남자가 제지하는 사람들의 위세에 눌려 여자를 폭행하던 행동을 멈추었다.

누군가 신고를 했는지 곧바로 경찰이 출동하여 경찰에 그 사람들을 인계하고 자리를 빠져 나왔지만 지금 생각해도 오금이 저려오는 경험이었다.

'3의 법칙.'

앞서 다큐멘터리에서 보여준 내용과 내가 직접 경험한 내용은 상황만 다를 뿐이지 같은 원리가 작용하고 있다는 생각이 들었다.

그렇다면 우리 조직도 이런 것들이 적용되고 있지 않을까?

내일은 오랜만에 오미영 소장을 찾아가 봐야겠다고 생각했다.

다음 날 실적과 증원에 대한 점검을 하고 나니 벌써 점심시간이 되었다. 이선수 팀장과 점심을 함께 먹자고 약속하고 오미영 소장에게 전화를 걸었다.

"감사행복연구소의 오미영입니다."

언제 들어도 기분 좋은 목소리로 전화를 받았는데 강의를 많이 해서인지 목소리가 약간 쉰 것 같은 느낌이 들었다.

"안녕하세요? 소장님 충정로사업부의 성지점장입니다. 궁금한 것도 있고 그간 가르쳐 주신 것에 대한 고마움도 있고 해서 혹시 약속이 없으시면 점심 같이 하시면 어떨까 싶어서요."

"와우! 기가 막힌 타이밍에 전화를 하셨는데요. 사실 약속이 있었는데 2분 전에 취소가 되어 점심을 어떻게 해결할까 고민하고 있었거든요."

"그러세요? 그럼 본사 후문 쪽에서 만나시죠. 이선수 팀장과 함께 나가도록 하겠습니다."

"네, 그럼 10분 후에 뵐까요?"

"네, 좋습니다. 잠시 후 뵙겠습니다."

본사 후문에서 만나 점심을 먹기 위해 정부종합청사 뒤편에 있는 일식집으로 이동했다. 미리 예약을 해 놓았기에 4명 정도 앉을 수 있는 방으로 안내를 받아 들어갔다.

"소장님과 만난 이후에 제 삶의 많은 부분이 변화를 겪고 있습니다."

"그러신가요? 당연히 좋은 방향의 변화이겠지요? 저도 감사행복연구소의 일을 통해서 감사를 함께 나누고 전파하다 보니 감사의 에너지로 많은 것을 느끼고 있답니다. 많은 분이 감사쓰기를 통해 변하는 모습을 보면서 더욱 열심히 감사불씨의 역할을 감당해야겠다는 사명감과 책임감을 갖습니다."

오미영 소장의 말을 듣다보니 '행복나눔 125' 운동을 통해 개인의 행복과 조직의 행복을 넘어서 대한민국의 행복지수를 올리는데 큰 기여를 할 수 있을 것이라고 강조하던 처음 강의가 떠올랐다.

음식이 나오기를 기다리며 어제 본 동영상에 대한 이야기를 꺼냈다.

"제가 어제 '3의 법칙' 이라는 동영상을 봤는데 참 신기하더라구요. 한 두 사람일 때는 전혀 반응이 없다가도 세 사람이 되면 주변을 움직이게 만드는 힘이 있다는 이야기인데 저도 그와 비슷한 경험을 한 적이 있습니다. 소장님을 뵙자고 한 것은 우리가 지금 하고 있는 감사운동을 확산시키는데 '3의 법칙' 을 활용하면 효과적일 것이라는 생각이 들었기 때문입니다."

이선수 팀장이 옆에서 거들듯이 내 의견에 공감하며 자신의 의견을 덧붙였다.

"저도 오면서 성지점장에게 들었는데 굉장히 공감이 가더군요. 우리 영업조직에 접목해도 상당한 효과를 볼 수 있을 것 같았습니다. 소장님은 강의를 많이 하신 분이시니 혹시 이런 쪽에도 관심이 있으실 것 같아 함께 만나보자고 했습니다."

"지점장님의 말씀을 듣고 있으니까 우리가 처음 강의장에서 만났을 때가 떠오르는 군요. 강의를 하는 도중에 지점장님께서 제게 무언가 질문을 하셨죠. 그래서 제가 우리 파트너가 되어 함께 이 일을 해도 좋을 것 같다고 이야기를 했던 것 기억나시나요?"

"제가 그랬습니까?"

나는 능청스럽게 답변을 했다.

"처음 강의장에서 만난 다음 날 두 분이 제 사무실로 찾아오신 적 있으시지요? 그래서 저도 기억을 정확하게 하고 있는 겁니다. 제가 이 말씀을 드리는 이유는 우리 교육과정에서 지금 말씀하신 시너지에 대한 부분이 언급될 차례인데 이 문제를 이야기 해 주시니 지점장님과 뭔가 통하는 것이 있다는 생각이 들었어요. 제 사무실을 방문하셨을 때도 제가 사업부에 가서 강의하려고 했던 내용에 대해서 질문을 하셨잖아요. 이참에 소속을 저희 감사행복연구소로 옮기시는 것을 한 번 고려해 보시지요?"

오미영 소장이 장난기 섞인 말투로 스카우트 제의를 하자 나와 이 팀장 모두 유쾌하게 웃었다. 우리의 웃음소리를 신호로 맛있는 회정식이 식탁에 차려졌다.

오미영 소장이 점심식사 후 커피를 사겠다고 하여 근처에 있는 커피숍으로 자리를 옮겨 하던 이야기를 계속했다.

"두 분에게 여쭤 보고 싶네요. 사람이 상황에 지배를 당할까요? 아니면 사람이 상황을 지배할까요?"

"사람이 상황에 지배당하는 것 아닐까요?"

"지점장님, 왜 그렇게 생각하시죠?

"소장님, 남자들은 정장을 입고 있을 때와 예비군복을 입고 있을 때 같은 사람이라고 보기 어려울 정도로 행동이 달라지곤 합니다. 사람이 달라지는 것은 아니겠지만 상황의 지배를 받다 보니 그런 것 아니겠습니까?"

"아하! 그렇게 볼 수도 있겠군요. 어떠세요. 팀장님의 의견도 동일하세요?"

"저도 다르지 않습니다. 하지만 전체라고 보기에는 어려운 점이 있을 것 같아요. 분명히 많은 사람이 상황의 지배를 받기도 하지만 그 상황을 만드는 것이 사람이라는 점과 상황이 어떠하든 간에 굴하지 않고 상황의 지배를 받지 않는 사람들도 존재하거든요."

"그러니까 이팀장 의견은 인간이 상황의 지배를 받는다는 거야? 아니면 받지 않는다는 거야?"

"나도 확실하게 잘 정리는 되지 않지만 상황의 지배를 받는 것만은 분명한 것 같아. 하지만 전부는 아니라는 거지."

"이팀장님께서 정리를 잘 해 주신 것 같아요. 저도 이팀장님 의견과 비슷합니다. 인간은 분명히 상황의 지배를 받습니다. 예를 한 번 들어볼게요. 혹시 길가에 버려진 차량을 본 적이 있으신가요?"

"네, 본 적이 있습니다."

"그럼 차량이 버려지면서부터 어떤 일을 겪게 되는지를 설명해 주실 수 있겠네요?"

"물론입니다. 처음에는 먼지가 쌓입니다. 그러다가 누군가 차를 긁고 가기도 하고 음~ 백미러가 부쉬졌던 것 같아요. 그리고 유리창이 깨지고 더러는 누군가 뭘 받쳐놓고 바퀴를 빼가기도 합니다. 차량은 이미 여러 군데 찌그러져 있고요. 누가 신고를 해서 그런지는 모르겠지만 어느 날 보면 차량이 옮겨져 있더군요."

"지점장님은 관찰력이 뛰어나시군요. 어쩜 그렇게 자세히 묘사를 해 주십니까? 그럼 하나만 더 질문을 드릴게요. 백미러를 부수고, 유리창을 깨뜨리고, 차체를 찌그러뜨리고 바퀴를 빼 간 것이 모두 같은 사람이 한 일일까요?"

"그건 아닌 것 같습니다. 동시에 일어난 것도 아니지만 한 사람이 순차적으로 그렇게 하지는 않았다고 생각 되는데요."

"제 의견도 같습니다. 그런데 지점장님이 사시는 동네는 남의 차를 마구 부숴버릴 정도로 나쁜 사람들이 많이 살고 있는 건가요?"

"그러기야 하겠습니까? 어? 소장님 말씀을 듣다 보니 이상하군요. 제가 설명한 것은 한 번 본 것이 아니고 많은 곳에서 비슷한 장면을 여러 차례 본 것 같습니다."

"지금 우리가 이야기하고 있는 것은 〈깨진 유리창의 법칙〉이라는 책을 보면 잘 나와 있습니다. 건물에 깨진 유리창이 있는데 수리 하지 않고 방치하면 그곳을 지나가는 사람들이 생각하기를 아무도 관리하지 않는 건물이라는 결론을 내리고 그 다음부터 누구나 함부로 대하게 됩니다. 그리고 얼마 지나지 않아 그 건물은 폐허처럼 바뀌게 된다는 이야기입니다.

인간의 본성은 무언가를 파괴하려고 해서가 아니고, 방치되지 않는 건물이라는 상황이 주어지면 그에 걸맞는 행동을 하게 된다는 것을 이야기 하고 싶은 것입니다. 결국 인간은 상황의 지배를 받게 된다는 것입니다."

이야기를 듣고만 있던 이팀장이 오미영 소장에게 질문했다.

"아까는 상황의 지배를 받지 않는 경우도 있다고 동의하셨잖습니까?"

"물론입니다. 만약 상황의 지배를 받는 일만 생겼다면 이 세상은 지금 벌써 지옥으로 바뀌었겠죠. 하지만 상황을 개척하고 거스르는 사람들이 분명히 존재합니다. 우리가 읽는 위인전에 나오는 사람들이 그런 사람들 아닐까요?

제가 아까 사람이 상황을 지배하는지 아니면 사람이 상황에 지배당하는지를 물었던 것은 세 가지 이유가 있습니다.

첫째는 그저 주어진 상황의 지배를 받는 사람의 숫자가 많다는 것입니다.

두 번째는 그들이 지배받는 상황을 만든 사람이 있다는 것이고요.

마지막으로 사람들이 지배받는 상황을 어떠한 방향으로 끌고 갈지를 결정하는 사람들이 있다는 것입니다 ."

"그러니까 소장님 말씀은 많은 사람들이 제가 말씀드린 '3의 법칙'에 따르고 있다는 것이지요? 그리고 '3의 법칙'을 누가 만들 것인지, 어떤 '3의 법칙'을 만들어 갈 것인지가 중요하다는 말씀이신거죠?"

"역시 성지점장님이십니다. 이러니까 제가 파트너로 탐내는 것 아니겠어요?"

오미영 소장의 이야기에 우리는 또 다시 한바탕 웃을 수 있었다.

"그럼 하나씩 정리를 해 보도록 하죠.

사람들 대부분은 지점장님께서 말씀하신 '3의 법칙' 이라고 하는 상황의 지배를 받습니다. 유행이라는 표현을 쓰기도 하고 신드롬이라고도 하는데 분명한 것은 주변 상황에 영향을 '아 주 많 이' 받는다는 것입니다."

오미영 소장은 '아주 많이' 를 힘주어 또박또박 발음했다.

"아주 많이 받는다는 것은 양날의 칼과도 같습니다. 이것이 긍정적인 방향으로도 갈 수 있고 부정적인 방향으로도 갈 수 있습니다. 다행히 우리가 진행하는 감사 프로그램이 부정적인 방향은 아니니 염려를 하지 않으셔도 됩니다. 다만 우리에게 필요한 것은 누가 이 '3의 법칙' 을 작용하게 만들 것인가? 조직 내에서 어떻게 퍼지게 할 것인가?

두 분 생각에 누가 이 역할을 해야 한다고 보시는지요?

그리고 우리 조직에서 '3의 법칙' 이 영향력을 발휘하게 하기 위해 어떻게 해야 한다고 보시나요?"

"일단 상황을 만드는 역할은 관리자가 해야 한다고 봅니다. 그래서 관리자들에게 땡큐베이터가 되어야 한다는 말씀을 하셨던 것 아닌가요?"

"문제는 각 지점내에서 어떻게 효과를 발휘하게 만드느냐는 거지요. 이팀장도 마찬가지겠지만 우리 지점의 경우 다들 감사일기를 쓰고 있는데 회사에서 시켜서 하는 정도이지 자발적으로 쓰고 있다는 생각이 들지 않거든요."

"제 이야기를 해 드리는 것이 좋을 것 같군요. 저도 처음 감사의 효과에 대해 듣고 감사쓰기를 시도했을 때 일입니다. 며칠 쓸 때는 문제가 없었는데 시간이 지나면서 바쁜 일정으로 인해 못 쓰고 지나가는 경우가 생겼습니다. 때로는 감사쓰기를 하기 힘든 상황이 발생하기도 했지요. 그러다 보니 하루 이틀 빼 먹는 경우가 생겨났습니다. 그러던 중 뜻이 맞는 강사님들과 카페를 만들어 감사쓰기를 함께 하기로 마음 먹었습니다. 모두 10명이 뜻을 모아 '감사누리 강사모임' 이라는 조직을 만들었습니다. 물론 제가 리더를 맡아 운영했지요. 10명이 함께 쓰다 보니 감사쓰기를 빼 먹는 일이 줄어들었고, 당일에 쓰지 못하는 일이 있어도 메모를 해 두었다가 밀려서라도 매일 쓰는 나 자신을 발견하게 되었습니다. 지금은 저를 비롯해 10명이 하루도 빠지지 않고 감사쓰기를 실천하고 있습니다. 과연 저 혼자서 감사쓰기를 지속했다면 지금까지 하루도 빼먹지 않고 쓰는 감사일기의 습관화가 가능했을까요? 결론은 '그렇지 못했을 것이다' 입니다."

오미영 소장은 커피를 한 모금 마시고 말을 이어갔다.

"아프리카 속담에 '빨리 가려면 혼자 가고 멀리 가려면 함께 가라' 는 말이 있습니다. 함께 하는 것의 힘을 설명해 준 것이지요. 물론 혼자서도 충분히 잘 해내는 사람이 있기는 합니다만 쉬운 일은 결코 아닙니다. 그래서 함께 하는 것의 힘이 강력하다는 것이고 오래 지속할 수 있는 에너지가 있다는 것이지요. 아까 '3의 법칙'을 이야기하셨는데, 3명이 모이면 그 때부터 집단이라는 개념이 생깁니다. 3명이 어떤 행동을 하면 거기에 그럴만한 이유가 있다고 보는 것이지요. 스탠포드 대학교의 심리학과 교수인 짐바르도는 최소 3명이 되면 하나의 움직임이 된다고 이야기합니다. 조직 내에서도 '3의 법칙'과 같이 진정성을 가지고 감사쓰기를 하는 사람 3명이 나타나면 드디어 주변 사람들을 움직이는 힘이 생깁니다.

회사에서 초기에 감사노트를 나누어 주고 감사쓰기를 하다가 감사쓰기 시스템을 만든 이유도 이것과 연관이 있습니다. 혼자서 쓰도록 하여 지속성을 유지하기란 무척 어렵다고 판단한 것입니다. 그래서 함께 쓸 수 있는 장을 만들었습니다."

"말씀을 듣다 보니 '나비효과'란 단어가 생각나는군요. 북경에서 나비 한 마리의 날개짓이 태평양을 건너게 되면 뉴욕에서 허리케인이 되기도 한다는 말이 있지 않습니까? 한 사람의 감사쓰기 활동이 3명에게 영향을 미치고 그것이 '3의 법칙'으로 작용하여 전체 조직에 영향을 미치게 된다면 '나비효과'와 비슷한 원리가 작동되는 것 아닐까요?"

"역시 성지점장님은 예리하시네요. 조직에서 한 사람의 변화는 그 한 사람의 변화로 그치는 것이 아니고 전체에 영향을 미치게 됩니다. 성지점장님은 영업도 잘 하시지만 상황을 간파해 내는 능력이 탁월하신 것 같아요. 아무리 생각해 봐도 감사행복연구소로 스카우트 하고 싶은 욕심나는 인재인걸요."

"소장님, 말씀만 하지 마시고 제발 좀 데려 가십시오. 예전에 성지 점장을 보면 물 만난 고기와도 같아서 영업이 체질이라는 생각이 들었습니다. 그런데 요즘 이 친구를 보면 여기보다는 그 쪽이 더 어울려 보입니다. 하하하."

오미영 소장의 칭찬을 들어서인지 예전에 육성영업소장을 할 때 보험회사에 처음 입사하는 설계사나 대리점을 대상으로 강의를 하면 남들보다 이해하기 쉽게 강의를 한다는 이야기를 많이 들었던 것이 생각났다.

매달, 매주, 매일 스트레스의 연속인 영업조직에 있는 것보다 날마다 감사교육을 하면 더 행복해지지 않을까 상상을 해보니 그리 기분이 나쁘지는 않았다. 아니 오히려 유쾌해지는 것 같았다.

"이야기를 하다 보니 시간이 많이 지났는데, 자 그럼 이제 감사로 행복해지고 성과를 내는 조직을 본격적으로 만들러 가 볼까요? 하하하."

활기차게 말하고 일어서는 이팀장의 말을 듣고 시계를 보니 어느새 점심시간이 한참 지나있었다. 자리에서 일어나 세종문화회관 뒤편 분수대 광장에서 인사를 하고 헤어지는데 분수대광장은 점심시간마다 진행하는 공연이 막 끝났는지 장비를 정리하고 있었다. 세종문화회관의 벽에 걸린 공연안내 현수막에 열린예술극장 '나눔 페스티벌' 이라고 적혀있었고, 그 글귀 밑에 영문으로 'Thanks Letter' 라고 쓰여 있는 것이 눈에 들어 왔다.

감사쓰기를 함께 해야 하는 이유

사람은 상황의 지배를 받는다. 나를 둘러싸고 있는 환경이 어떠한가에 따라서 긍정적이거나 부정적인 영향을 받게 된다.

사람이 상황의 지배를 받는지 알아보는 실험을 한 예가 있는데, 실험 대상자들 앞에서 똑같은 커피를 두 개의 컵에 각각 따라 주고 하나는 2,000원을 받고 하나는 4,000원을 받는다며 어떤 커피를 구입하겠느냐고 질문을 했다. 똑같은 커피라면 누구나 2,000원을 주고 구입한다고 할 것이다. 그러나 이날 실험은 마지막에 질문하는 사람을 제외하고 모두 4,000원 짜리를 구입하겠다고 미리 말을 맞추어 놓았다. 앞에서부터 4,000원 짜리 커피를 구입하겠다고 하자 마지막 실험 대상자는 웃는다. 그런데 모두가 4,000원 짜리를 이야기 하자 어이가 없다는 표정을 지으면서도 정작 본인 차례가 되니까 4,000원 짜리 커피를 구입하겠다고 이야기를 한다.

어떻게 보면 군중심리라고도 말할 수 있는데, 사람들은 이성적인 판단보다 주변의 상황에 따라 판단하고 행동을 하는 경우가 많다.

혼자서 감사일기를 쓰는 경우 일이 있으면 못 쓰게 되는 경우가 있다. 감사일기를 쓰는 습관을 들이기도 힘이 들지만 한 번 하다가 중단한 것을 다시 시작하기는 더욱 힘들다. 그러나 함께 하는 사람들이 있으면 서로가 자극이 되기 때문에 행동을 지속시키기가 쉬워진다.

이는 감사쓰기 뿐만 아니라 운동을 하거나 다이어트를 하는 경우에도 똑같이 해당된다. 한 겹이나 두 겹으로 이루어진 줄은 쉽게 끊어질 수 있으나 삼겹줄은 쉽게 끊어지지 않는다고 성경에도 나와 있지 않은가!

감사일기를 쓰려고 마음을 먹었다면 함께 쓸 수 있는 공간을 만들어라. 카페도 좋고 밴드도 좋고 카톡도 좋다. 어디가 되었든 간에 감사를 쓰고 나눌 수 있는 공간이 있고 서로가 감사일기 쓰는 것을 독려할 수 있다면 감사쓰기 습관을 들이는데 상당히 유용할 것이다.

셀리그만 박사의 연구에 의하면
'낙관성 생각훈련(ABCDE훈련)'을 통해 낙관성을 증대시킬 수 있다고 했습니다.
그리고 감사가 낙관성을 증대시키는 마음의 토대라고 했고
긍정적인 감정의 토양이라고 했습니다.

물은 답을
알고 있다
[파동의 원리]

물은 답을 알고 있다
(파동의 원리)

당신의 행동이 다른 사람들로 하여금
더 많이 꿈꾸고, 더 많이 배우고, 더 많이 행하고,
더 많은 뭔가가 되도록 한다면, 당신은 한 사람의
훌륭한 지도자인 것이다.
– 돌리 파튼 –

● ● ●

감사운동이 시작되고 처음 한 달 동안은 정신이 없었다. 며칠 동안 이어진 관리자 교육에 이어 영업가족 교육이 있었고 교육을 받으면서 마감일정에 맞춰 실적과 증원도 신경을 써야했기 때문에 바쁜 일정이 계속 되고 있었다.

100감사를 몇 번씩이나 쓴 경험이 있음에도 감사일기를 하루에 5개씩 쓰는 것은 모두가 말하는 것처럼 여전히 나에게도 쉬운 일이 아니었다. 매일 비슷한 일상에서 새롭게 감사할 것을 5개씩 찾아내는 것은 아무리 습관화 하려해도 결코 쉬운 일이 아니었다.

그럼에도 참 감사한 일은 나를 비롯한 지점 식구 모두가 2달이 지난 지금까지도 계속해서 감사일기를 쓰고 있다는 것이다. 처음 감사일기는 얼떨결에 시키니까 썼는데 다음 날부터 감사일기를 어떻게 써야 할지 고민이 생겼다. 하지만 놀랍고 신기한 것은 일상생활을 하면서 감사일기에 써야 할 감사할 것들을 찾아 두리번거리는 내 모습을 발견하게 된 것이다.

오늘 조회 시간에는 h-cast에서 RAS(Reticular Activating System 뇌 망상 활성화 시스템)에 대한 소개를 했다. 사내방송 아나운서는 우리의 뇌는 오감을 통해 초당 20억개의 데이터가 들어오는데 이것을 뇌가 다 처리하면 아마도 미쳐버릴 것이라고 했다. 다행히 뇌간이 RAS시스템을 작동하고 있어 우리의 뇌가 받아들이는 데이터의 대부분은 삭제를 하고 우리가 중요하다고 믿는 것에만 집중을 한다는 것이다.

RAS는 주의력과 집중력을 관장하는 신경물질인 도파민과 노르에피네프린을 분비하여 학습이나 자기통제, 동기부여 등을 담당하는데 대부분의 사람들이 원시시대부터 이어져 온 RAS를 사용하고 있다고 했다.

원시시대에는 맹수의 위험과 천재지변의 위험으로부터 자신을 보호해야 하는 것에 초점이 맞춰져 있어 생존을 하는데 최적화 되어 있다고 했다. 원시시대나 전시상황을 살아가는 사람에게는 이러한 방식이 생존에 도움을 준다고 했다. 그러나 현대를 살아가는 사람들은 주변의 모든 것들을 적으로 간주하며 생존만을 위해서 살 수는 없다고 설명했다.

안타까운 사실은 우리 대부분이 아직도 원시시대의 RAS를 가지고 살아가고 있다는 것이다. 일례로 오랫동안 연락이 안 되던 친구에게서 연락이 왔을 때 '좋은 일로 연락을 했을 거야'라고 생각하는 사람은 드문 반면 '무슨 부탁할 일이 있나?' 또는 '부모님 돌아가셨나?' 등 부정적인 생각을 하는 경우가 많지 않느냐고 물었는데 딱 맞는 말이었다.

실제로 우리 영업조직들도 오랫동안 연락을 안 했던 지인들에게 연락을 할 때 이런 염려를 하면서 전화를 하는 모습을 많이 봐 왔기 때문이다.

다행인 것은 우리 뇌가 작동하고 있는 RAS 체계를 변화시킬 수 있다는 것이다. 그러려면 상상과 실제를 구분하지 못하는 뇌의 특성을 활용할 필요가 있다고 했다.

아나운서는 잠시 눈을 감고 자신이 시키는 대로 상상을 해 보라고 했다.

"우리는 밖에서 운동을 하고 땀을 흘리면서 집으로 들어섰습니다. 거실을 지나 냉장고로 갔더니 레몬이 하나 있는데 차가운 레몬을 꺼내 껍질을 까 보세요. 레몬즙이 사방으로 튀는 모습이 보이실 겁니다. 그럼 이제 레몬을 입으로 가져가 한 입 크게 베어 문다고 생각을 해 보십시오. 하나 둘 셋 어떠세요? 지금 혹시 입안에 침이 고이지 않았나요?"

놀랍게도 침이 고였다. 삼국지의 조조가 생각났다. 적을 토벌하기 위해 군사를 일으킨 조조는 초여름 더운 날씨에 물이 떨어진 채 행군

하는 병사들이 쓰러지는 모습을 보고 꾀를 생각해 냈다. 조조는 병사들에게 '이 산을 넘어가면 매실 밭이 있다!' 라고 소리친 것이다. 매실을 생각하자 그 신맛에 입안에 침이 고여 잠시나마 갈증을 풀 수가 있었고 전쟁에서 큰 성과를 거두었다. 조조도 RAS를 알고 있었던 것일까?

"우리의 뇌는 진짜와 가짜를 구분하지 못합니다. 방금 전 실험을 통해서도 경험해 보셨겠지만 레몬의 신맛을 상상만 했을 뿐인데 우리 입 안에 침이 고였습니다. 이 뇌를 부정적인 방향에서 사용할 수도 있고 긍정적인 방향에서 사용할 수도 있습니다. 여러분이 보험영업을 하기 전으로 돌아가 보겠습니다. 거리에 있는 광고 중에서 보험과 관련된 광고가 눈에 잘 띄었나요? 그렇지 않았을 것입니다. 그런데 보험영업을 하고 있는 지금은 거리에 있는 보험과 관련된 광고들이 저절로 눈에 들어올 것입니다."

영업사원들도 공감이 되는지 서로를 쳐다보고 '그래 맞아' 하며 아나운서의 말에 맞장구를 치고 있었다.

그 얘기를 듣고 보니 대학교에 들어가 당구를 배우던 시절이 떠올랐다. 당구에 빠져 살던 때에는 당구 생각만 하고 살았던 것 같다. 사각형만 보면 당구대를 연상했고 둥근 것만 보면 당구공으로 보였다. 저녁에 잠을 자려고 누우면 천정을 보고 공을 어떻게 굴려 다른 공을 칠지 구상하던 생각이 났다. 물론 최근에는 당구에서 골프로 바뀌어 있었지만.

사내 아나운서는 영업을 하면서 성공을 꿈꾸며 영업을 하게 되면 실패와 관련된 정보는 뇌에서 삭제처리를 하고 성공과 관련된 정보만을 모아 저장하는 RAS시스템이 작동되니 잘 활용하라는 말을 하면서 방송을 마쳤다.

방송이 끝난 뒤 조회를 이어갔다.

"지난 달에 수고 많이 하셨습니다. 이번 분기 처음으로 증원도 하고 실적도 목표치에 맞게 달성했습니다. 내일 모레 있을 합동조회 때 우리 지점의 백은실 팀장님이 신상품 부문과 개인실적 부문, 팀실적 부문에서 1등을 하여 시상을 받게 되었습니다. 모두 백팀장님과 1팀을 위해 박수를 쳐 드리도록 하겠습니다. 우리 로얄지점이 이제야 정상궤도로 올라 왔습니다. 이번 달에도 목표달성 하는데 총력을 기울여 주시기 바랍니다."

백팀장과 팀원들에게 점심을 사겠다고 하여 회사 근처 한정식 집에서 함께 식사했다.

"팀장님과 1팀 모두 수고 많이 하셨습니다. 이번 증원도 모두 1팀에서 해주셔서 겨우 체면치레를 했습니다. 오늘 점심 맛있게 드시고 이번 달도 부탁을 드리도록 하겠습니다. 감사합니다."

나는 진심으로 1팀원 모두에게 감사의 인사를 했다. 감사운동 덕분인지 내 입에서 '감사합니다' 라고 말하는 빈도가 늘어나고 있었다.

"다 우리를 위해서 하는 일인데요. 이렇게 점심을 사 주시니 지점장님 감사합니다. 호호호."

1팀의 분위기 메이커인 최영희 여사가 나의 감사인사에 화답을 해 주었다.

"다른 팀들은 다들 어렵다고 하는데 유독 1팀만 매달 목표를 달성하는 비결이 있나요 팀장님?"

"비결이 어디 있어요. 그냥 열심히 하는 거죠."

하고 백팀장을 향해 묻자 백팀장은 대수롭지 않게 여기며 대답을 하였다.

"사실 1팀만 공유하는 비장의 무기가 있기는 한데~"

라며 지점 내에서 분위기 메이커 역할을 하고 있는 강세라씨가 말꼬리를 흐리며 말을 했다.

강세라씨의 이름은 '세상 세(世)에 비단 라(羅)'를 써 비단과 같이 세상을 살라는 의미였다고 하는데 주변에서는 '힘쎄라' 또는 '요술공주 세리'라는 별명으로 불리고 있었다.

"비장의 무기가 뭔가요?"

"다 알고 있으면 비장의 무기가 아니죠."

나의 질문에 최영희 여사가 웃으며 이야기를 했다.

"최여사님, 그러지 말고 알려주세요. 우리 지점 모두가 잘하면 좋지 않습니까?"

"팀장님이 말씀하세요."

최영희 여사는 백팀장에게 공을 넘겨 주었다.

"지점장님, 우리 회사에서 감사교육을 받고 보니 참 좋더라구요. 감사일기를 쓰면서 나 자신의 삶도 되돌아보게 되고 감사의 눈으로 세상을 바라보니 내가 숨 쉬고 이렇게 영업할 수 있는 체력이 있다는 것조차 감사하게 되더라구요. 그리고 나에게 계약을 해 주는 고객들과 계약까지는 이어지지 않더라도 시간 내서 만나주는 것까지 감사하지 않은 게 없다는 생각을 했습니다. 두 번째 교육 때인가 감사카드를 나누어 주고 쓰는 시간이 있었잖아요. 감사카드를 받으니까 뭔가 감이 딱 오는 게 있더라구요. 그래서 감사카드를 명함 뒷면에 새겨 넣었죠."

하며 자신의 명함을 보여 주는데 앞면은 일반 명함과 다름이 없는데 뒷면을 보니 작은 감사카드가 있었다.

H화재보험
서울시 종로구 새문안로 5길 19 로얄빌딩 3층
전화 (02)345-6789 팩스 (02)345-6790 휴대폰 010-2345-6789

로얄지점 팀장 **백 은 실**
E-mail : torss@naver.com

소중한   님 감사합니다.

1.

2.

3.

"교육을 받자마자 명함이 많이 남아 있는데도 불구하고 다시 맞췄습니다. 그리고 만나기로 약속한 고객들에게 감사카드를 써서 전달해 드리니 정말로 좋아하시는 거예요. 자신에 대해서 이 정도 성의를 가지고 찾아오는 세일즈맨은 없었다면서 계약률이 높아진 것은 물론이고 주변에 소개도 평소보다 많이 해 주시더라구요. 그래서 우리 팀원들 명함을 제가 다 만들어 주게 되었어요. 우리 팀에서는 이 명함을 '감사명함' 이라고 부른답니다."

"와우! 저 같아도 이런 감사명함을 받으면 기분이 좋아질 것 같은데요. 백팀장님은 천재십니다. 타고난 영업인이라는 말씀을 드릴 수밖에 없군요."

"그리고 상담을 마치고 나오면 5분 이내에 감사의 문자메시지를 보내고 있습니다. 명함에 처음 만나는 분이라 자세히 적기 어려워 만나주어서 고맙다거나 시간을 내 준 것에 대해 고맙다는 말을 주로 쓰게 되는데 상담을 마치고 나면 나누었던 대화를 기억해 두었다가 5가지의 감사메시지를 보내고 있습니다."

"아까 5분을 이야기하신 것 같은데 5분 이내에 보내는 특별한 이유가 있으신가요?"

"특별한 이유는 아니구요. 기억력이 좋지 않아서 5분이 지나면 어떤 말을 나누었는지 기억하기 어려우니까, 기억이 내 머리에서 다 빠져나가기 전에 작성해서 보내는 것입니다. 게다가 감사메시지를 써야 한다고 생각하니 대화에 더욱 집중해서 듣게 되고 고객이 무엇을 원하는지를 좀 더 쉽게 알 수 있게 된 것도 덤으로 얻게었어요."

"맞아요. 저도 감사메시지 덕을 톡톡히 봤다구요. 지난 달 신상품으로 나온 어린이CI보험의 경우 피보험자가 어린이인데 요즘 부모들은 자기 자식이라면 껌뻑 죽잖아요. 그래서 아이에게 초점을 맞춰 감사메시지를 보냈더니 반응이 특히 더 좋았던 것 같습니다."

임점남씨도 거들며 이야기를 했다.

백팀장과 최여사 외에도 모두가 한 마디씩 거들고 나섰다.

실질적으로 계약과 연결이 되지 않은 경우라도 감사명함과 감사메시지를 보내니 고객들이 감사메시지를 보내오기도 하고 반응이 좋았다고 했다.

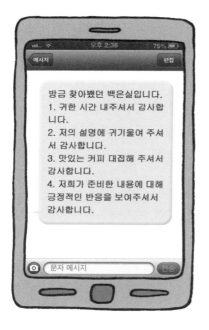

방금 찾아뵀던 백은실입니다.
1. 귀한 시간 내주셔서 감사합니다.
2. 저의 설명에 귀기울여 주셔서 감사합니다.
3. 맛있는 커피 대접해 주셔서 감사합니다.
4. 저희가 준비한 내용에 대해 긍정적인 반응을 보여주셔서 감사합니다.

나는 1팀이 잘 나가는 이유는 백팀장의 헌신과 리더십이 작용했다는 생각이 들었다.

"그런데 지점장님, 지점 입구에 양파하고 밥 실험하는 거 있죠? 그거 조금 이상하던데요. '감사합니다'라고 쓴 양파는 아무런 변화가 없는데 '저주합니다'와 '무관심'은 뿌리가 나고 있으니 뭐가 잘못 된 것 아닌가요?"

"맞아요. 나도 봤어요."

"한 번 보도록 하겠습니다."

강세라씨가 양파실험에 대해 이상하다고 이야기를 했고 몇 명이 자신들도 봤다며 맞장구를 쳤다.

감사합니다　　저주합니다　　무관심

지점에 와서 양파를 보니 강세라씨의 말과 같이 '감사합니다' 라고
쓴 컵의 양파는 뿌리가 나오지 않았는데 '무관심' 은 한 개의 뿌리가
났고 '저주합니다' 는 몇 개의 뿌리가 났다.

이건 무슨 이유일까? 양파가 어떤 문제가 있었던 것일까? 아니면 스
티커로 써 붙여 놓기만 하고 말을 하지 않아서 그런 걸까? 여러 가지
생각을 하면서 아무래도 실험이 잘못된 것 같은 생각이 들어 총무에게
양파실험은 실패한 것 같으니 다시 해야겠다고 이야기를 했다.

오후에 사업부장이 주재하는 회의가 있었다.

사업부장이 들어오며 회의를 시작했는데 오늘은 회의가 시작될 때
부터 오미영 소장이 함께 자리를 하고 있었다. 오늘도 회의가 끝난
후 강의가 이어질 모양이었다.

지난 달부터 회의를 하기 전에 서로 감사의 인사를 하고 회의를 시작했다.

　처음에는 감사의 인사를 하는 것이 쑥스러웠는데 이제는 이것도 적응이 되었는지 쑥스럽기는커녕 안하면 허전할 정도로 익숙해져 가고 있었다.

　"지난 분기 연속으로 사업부는 물론이고 본부 내 최하위권이었던 로얄지점이 지난 달에는 중위권까지 치고 올라갔습니다. 수고해 주신 성지점장께 박수를 한 번 보내 줍시다."

　회의를 진행하는 이팀장이 회의를 시작하며 지난달 실적을 가지고 좋은 분위기를 만들어 주었다. '와아~' 하며 다들 힘차게 박수를 치며 축하해 주었다.

　예전에는 항상 선두권이어서 이런 박수를 받는 것이 너무나도 당연한 것처럼 생각하였는데 오랫동안 부진한 성적을 내다가 중위권에 올라갔다고 박수를 받으니 고맙기도 하고 어색하기도 했다.

　"오늘은 이달 영업실적 관련 회의를 마치고 지난 달과 마찬가지로 감사강의와 함께 지점별로 진행 중인 감사운동의 진행상황에 대해서도 말씀을 나누도록 하겠습니다."

　각 지점별 환산실적 목표 달성계획 보고 및 정착율 목표 등 지표점검을 마치고 사업부장이 회의의 마무리를 하기 위한 발언을 했다.

　"우리 본부가 감사운동 시범운영 본부로 지정되어 지난 달부터 감사운동을 하고 있는데, 내가 알기로 감사가 조직의 긍정성에 기여해 장기적으로 실적에도 도움을 준다고 합니다. 그래서 사업부 회의 때 감사행복연구소장님을 모시고 추가로 들어야 할 강의를 듣는 것이니 지점장들이 솔선해서 감사운동을 지점 내에 전파하기 위한 노력을 해 주시기 바랍니다. 새로운 것을 조직에 적용하여 성과를 보려면 적어도 3개월 정도의 시간이 걸린다고 합니다. 지난 2달 동안은 잘 해 주셨으니 남은 기간도 애써 주시기 바랍니다. 본부장님 뿐만 아니라 사장님과 회장님도 관심을 가지고 회사의 미래비전을 염두에 두고 진행하는 사업임을 기억해 주세요."

사업부장은 말을 마치고 오미영 소장을 향해 시작해도 좋다는 사인을 보내며 간단하게 강사소개를 했다.

"여러 차례 만나서 다들 잘 아실텐데 우리 회사에 감사의 바람을 몰고 온 분입니다. 오미영 소장님 나오실 때 박수를 보내 주세요."

다들 진심으로 오미영 소장을 환영해 주었다. 나도 지난 2달처럼만 살았으면 하는 바램이 있을 정도로 많은 변화를 겪었다. 진정한 감사의 마음을 담아 환영의 박수를 쳤다.

"감사합니다. 어디를 가나 이렇게 열렬한 환영을 받으니 저는 정말 행복한 사람입니다. 감사로 행복해진 강사 '땡큐베이터 오미영' 입니다. 다시 한 번 인사를 드립니다."

우리를 향해 정중하게 머리를 숙여 인사하고 강의를 진행했다.

"여러분은 H화재에서 왜 감사운동을 시작했다고 보십니까?"

"조직을 구성하는 구성원이 먼저 행복하기를 바라기 때문 아닌가요?"

"일을 즐겁게 하다 보면 실적도 늘어나겠죠."

"그러면 회사의 이익도 증가할 것이구요."

이제는 이런 교육 분위기가 익숙해졌는지 서로 한 마디씩 했다.

"일단 말씀하신 것에 대한 답변을 먼저 하자면 세 분 모두 정답을 말씀하셨습니다. 감사를 하면 행복해진다고 한 것은 더 이상 설명을 드리지 않아도 충분히 이해가 되셨을 것이라고 생각이 드는데 설명이 더 필요한 분이 계신가요?"

물론 감사가 행복의 문을 여는 열쇠가 되는 것에 대해서는 그다지 이견이 없어 보였다.

"그럼 오늘은 감사가 우리의 업무와 어떻게 연결되는지에 대해 집중해서 살펴보도록 하겠습니다. 여러분 아까 회의를 하는 것을 들어보니 정착율을 이야기하시던데 신규 영업사원이 입사해 회사에 정착하는 비율을 말하는 것이 맞나요?"

"이야! 이제 보험회사 사람 다 되셨네요."

내가 말을 건네자, 오미영소장도 웃으며 '그렇다'고 했다.

"미국의 보험회사 중 매트라이프 생명보험회사는 해마다 6만명의 응시자 중에서 5천명을 신입사원으로 선발했습니다. 그리고 이 사람들이 회사의 업무와 상품을 이해하고 프로영업인으로 다시 태어나도록 하기 위해 많은 교육훈련을 시키는데 1인당 3만불 정도의 교육훈련비가 투입된다고 합니다. 그런데도 1년이 지나면 선발된 인원의 절반 정도가 회사를 그만두고 4년이 지나면 선발인원의 20% 밖에 남지 않는 일이 반복되었습니다.

경영진은 이 문제를 어떻게든 해결해야 했습니다. 그래서 여러 가지 컨설팅도 받아보고 이 문제를 개선하기 위해 노력을 했지만 뾰족한 해결책을 찾지 못했습니다. 그러던 중 당시 미국에서 새로운 학문으로 인정을 받게 된 '긍정심리학'의 창시자인 마틴 셀리그만 박사에게 이 문제를 심리학적인 관점에서 접근하여 해결해 줄 수 있는지를 문의하게 됩니다."

미국 회사이고 생명보험회사이기는 하지만 보험회사의 실 사례를 들어서 설명을 하니 다들 뭔가 도움 받을 것이 있는가 하는 생각이 들어 오미영 소장이 하는 이야기를 집중하며 들었다.

"처음엔 셀리그만 박사도 하지 못하겠다고 했는데 우연히 비행기를 타고 가다가 옆자리에 앉은 끈질긴 사람을 만나고 생각이 바뀌게 됩니다. 셀리그만 박사는 그 사람이 처음에는 귀찮게 여겨졌는데 포기할 줄 모르고 지속적으로 접촉하는 것을 보고 매트라이프의 사장이 도움을 요청했던 것에 대한 해결책을 가지게 될지도 모르겠다는 생각을 하게 됩니다. 옆자리에 앉은 사람이 포기할 줄 모르고 친한 척 하는 것이 처음에는 불편했습니다. 그런데 시간이 지날수록 그 사람이 하는 이야기에 집중하고 있는 모습을 발견하게 되었고 영업사원들도 이 사람처럼 낙관적이면 좋겠다는 생각을 하게 된 것입니다. 여러분도 경험으로 잘 아시겠지만 한 건의 계약을 성사하려면 9건 이상의 거절을 거치게 됩니다. 영업을 하는 사람들이 가장 두렵고 긴장하는 일이 무엇이죠?"

"사람 만나는 거 아닐까요?"

"만나기로 약속을 하는 연락일 수도 있겠는데요."

"실적이 없는 겁니다."

이렇게 의견을 말하고 있는데 사업부장이 큰 소리로 이야기를 했다.

"거절 거절입니다. 한 번 거절을 받으면 힘이 쭉 빠지죠. 회복되어서 다시 영업활동을 하려면 시간이 걸리기도 해요."

제약사에서 영업을 시작해 보험회사로 옮겨서도 항상 영업을 잘하기로 유명한 고만석 부장의 입에서 거절이라는 이야기가 나올 줄은 몰랐다.

"네. 모든 분이 하신 말씀이 맞는데 부장님께서 말씀해 주신 '거절'이라는 것이 가장 근접한 답이 아닐까요? 사람을 만나 계약이 잘 성사가 된다면 사람 만나는 것이 왜 두렵겠습니까? 또한 거절당하는 것이 없다면 연락을 하는 것도 그다지 힘들지 않겠죠. 거절이 일어나지 않는다면 실적문제도 자연히 해결될 것이구요. 1년 안에 50%가 중도 탈락하는 이유를 살펴보니 거절에 대한 두려움 때문에 다음 고객을 만날 의욕이 떨어져서 연락하기를 주저한다고 합니다. 거절에 대한 공포로 인해 연락이나 방문계획을 미루게 되면 자연스럽게 실적이 나빠지니 중도에 퇴사를 할 수 밖에 없었던 것입니다."

오미영 소장은 화면을 바꾸며 낙관적인 사람들과 비관적인 사람들이 똑같은 거절상황에서 어떻게 다른 반응을 보이는지에 대해 설명했다.

"거절은 누구나 겪는 일입니다. 뛰어난 영업사원이라고 해서 거절을 경험하지 않는 것이 아니죠. 다만 거절을 경험한 이후의 응대 프로세스가 다르다는 것입니다. 여기를 봐주세요. 비관적인 사람은 누군가에게 거절을 당했을 때 자신이 영업에 소질이 없다거나 누구도 자신에게 보험을 들려고 하지 않는다고 생각을 하게 됩니다. 따라서 다음 고객에게 전화하기가 꺼려지고 이러한 비관적인 경험이 여러 차례 반복되면 그날의 영업을 포기하게 됩니다. 이러한 것이 누적되면 실적이 나오지 않고 소득이 기대치에 미치지 못하니 자연히 사직을 하는 프로세스로 움직이게 되는 것입니다.

반면에 낙관적인 사람의 경우를 살펴보겠습니다. 낙관적인 사람도 거절을 경험하게 되지요. 그러나 낙관적인 사람은 '그 사람이 바빴을 거야' 라든가 '그 사람은 필요한 보험을 다 가입했나보다' 하는 생각을 하고 다음 고객을 찾아 접촉을 시도합니다. 그러다가 자신의 보험상품을 필요로 하는 고객을 만나게 되고 계약을 하게 되는 것이지요. 이러한 과정을 반복하다보면 실적이 증가하며 소득이 높아지고 시간이 지날수록 자리를 더욱 공고히 잡아가게 됩니다."

영업은 해 본적도 없었다고 말하는 오미영 소장이 영업현장에서 치열하게 살아가고 있는 우리에게 멋진 영업 강의를 하고 있었다.

"그래서 셀리그만 박사는 매트라이프에 특별한 제안을 하게 됩니다. 회사의 채용기준에 적합해 뽑는 인원과 별도로 탈락한 인원 중에서 낙관성 검사를 하여 낙관성이 상위 50%에 해당되는 인원을 특수

인력그룹으로 채용을 해 보자고 한 것입니다. 기억하십시오. 이 특수
인력그룹은 기본적으로 매트라이프의 채용기준에 부 적 합 한 사람
들이었습니다."

　　오미영 소장은 지난 번과 마찬가지로 강조하고 싶은 대목에서 한
글자씩 또박또박 강조하며 이야기를 했다.

　　"이제 결과를 알아볼까요? 특수인력그룹 즉 채용기준에 부적합한
사람 중 낙관성이 좋았던 사람들의 실적이 기존 채용기준에 적합한
인력 중 낙관성 검사결과가 하위 50%에 해당하는 사람보다 21%가
량 높았습니다. 입사 후 2년이 지난 뒤에는 57%나 높은 실적을 보이
게 되었지요. 채용기준에 적합한 사람들 간의 낙관성 정도에 따른 실
적을 비교해 보니 낙관적인 사람이 비관적인 사람보다 1년차에 37%
가 높았고 2년차에 무려 88%나 차이가 났습니다. 이로써 회사의 채
용기준보다 낙관성 여부가 보험회사 정착율에 더 크게 영향을 미친
다는 결과를 도출하게 되었습니다."

　　생각해 보니 우리 지점도 낙관적인 사람이 영업을 잘 하는 것 같았
다. 다른 지점장들도 공감하는 분위기였다.

　　"매트라이프에서 실시한 첫 번째 실험은 성공적으로 끝났습니다.
하지만 여기서 끝이 아니었죠. 그럼 이미 뽑아 놓은 비관적인 사람들
은 어떻게 할까요? 그냥 둘 수도 없고 해고를 시킬 수도 없고. 그래서
매트라이프는 셀리그만 박사에게 두 번째 프로젝트를 의뢰하게 됩니
다. 기 채용인력을 낙관적인 사람으로 훈련시킬 수 있느냐 하는 것입

니다.

여러분 어떠세요? 이 프로젝트가 가능할까요?"

"우리도 그 방법을 알았으면 좋겠십니더."

최지점장이 사투리를 섞어 대답을 하니 모두들 재미나다는 듯 웃었다.

"그럼 제가 방법을 알려 드릴까요? 그 방법이 바로 감사하기 훈련입니다."

예상은 어느 정도 하고 있었지만 다들 놀라는 눈치였다.

"셀리그만 박사의 연구에 의하면 '낙관성 생각훈련(ABCDE훈련)'을 통해 낙관성을 증대시킬 수 있다고 했습니다. 그리고 감사가 낙관성을 증대시키는 마음의 토대라고 했고 긍정적인 감정의 토양이라고 했습니다. 감사훈련을 통해 낙관성이 증대되면 고객거절에 대한 저항력이 커지게 되고, 고객관계가 강화되어 고객 컨택량이 증가하게 됩니다. 여러분이 사용하는 용어로 표현하자면 표준활동량이 증가한다고 해야겠군요. 활동량이 증가함에 따라 자연스럽게 실적이 올라가 정착율이 증가하는 선순환구조를 만들게 되는 것입니다."

그러고 보니 지금까지 보아왔던 많은 영업가족들 중 부정적인 말을 많이 하는 사람이 정착되는 예는 드물었던 것 같다.

"제가 강의를 시작하면서 회사에서 감사운동을 하는 이유가 무엇인지를 물었습니다. 개인의 행복을 위한 것도 있고 조직의 활력을 위한 부분도 있겠지만 회사는 성과와 무관하게 움직이지 않습니다. 따라서 지금 우리가 하는 감사운동이 개인의 행복에서 출발해 조직에 활력을 주고 궁극적으로는 성과와 이어져 개인도 살고 회사도 사는 원-원 게임을 하자는 데 있습니다. 개인의 행복을 고려해 자율성을 강조하다 보니 성과가 저조해졌고 조직의 성과만 너무 강조하게 되면 개인이 불행해 질수도 있다는 것이 지금까지의 딜레마였습니다. 감사는 이런 갈등을 조화롭게 해결해 줄 수있는 열쇠입니다."

오미영 소장의 설명과 함께 화면에 열쇠 그림이 나타났다.

"자! 그럼 지난번에 밥 실험과 양파 실험을 하자고 했는데 어떤 결과가 있었는지 한 번 들어 볼까요?"

먼저 유지점장이 밥 실험 결과를 보고 놀랐다는 이야기를 했다.

"강의 때 화면으로 보기는 했지만 실제로 그렇게 될 것이라고는 기대를 하지 않았습니다. 그런데 며칠이 지나니까 '감사합니다' 라고 쓴 병에 담긴 밥은 향긋한 곰팡이가 피는데 비해 '저주합니다' 는 검은 곰팡이가 피더니 이제는 냄새도 심하고 아주 흉측하게 변해 버렸습니다."

최지점장도 거들었다.

"저희 지점도 같은 결과가 나왔습니다. 양파실험에서는 재미있는 일도 있었어요. '감사합니다' 양파는 뿌리도 잘 나고 위로 잘 자라는데 '저주합니다' 양파는 '감사합니다' 양파의 절반밖에 자라지 않았습니다. 얼마 있다 보니 누가 그렸는지 '감사합니다' 양파에 웃는 얼굴을 '저주합니다' 양파에 찡그린 얼굴을 그려 놓았는데 상황과 딱 맞아 보기만 해도 웃음이 납니다."

"저희 지점은 의외의 상황이 발생했습니다. '감사합니다' 양파는 뿌리가 나오지 않았는데 '저주합니다' 양파는 뿌리가 하나 나왔습니다. 지난 번 강의 때 '무관심'이라고 쓴 것이 가장 좋지 않은 결과가 나온다고 해서 '무관심' 양파도 만들었는데 '무관심' 양파의 뿌리가 가장 많이 나왔습니다. 이게 어떻게 된 것일까요?"

내가 이해를 하기 어렵다는 표정으로 이야기를 했더니 오미영 소장도 약간 당황하는 빛이 보였다.

그러나 다시 차분하게 말을 이어갔다.

"여러분, 어떤 것이 변화를 겪는 데 시간이 필요합니다. 감사를 했다고 해서 하루 아침에 큰 변화가 나타나는 것은 아니지만 지속적으로 감사의 긍정에너지를 받게 되면 변화가 있겠지요. 아직 끝난 것이 아니니 좀 더 지켜보시죠? 그리고 지난 두 달 동안 감사운동을 하면서 나누고 싶은 이야기나 변화사례가 있으신 분은 이 자리에서 나누어 주시기 바랍니다."

"제가 말씀 드리지요."

사업부장이 손을 들고 말을 했다.

"저는 소장님 강의를 듣고 바로 아내에게 100감사를 써서 주었습니다. 골프약속도 취소하고 근사한 레스토랑에 가서 아내에게 주었더니 처음에는 뭔지를 모르고 열어 보았다가 나중에 보겠다며 바로 덮더군요. 그때 아내의 눈가에 눈물이 맺혀 있었습니다. 저는 어느 정도 성공적이라고 생각했습니다. 부잣집 귀한 딸내미가 가난한 나에게 사랑 하나 보고 시집와서 온갖 고생을 하고 살았는데 해 준 것은 없고 의견이 충돌할 때마다 참 아픈 말로 아내를 힘들게 했습니다. 주중에 거의 매일 술을 마셨고 주말에 골프치러 다닌다고 아내는 물론이고 가족 전체를 돌보지 않았었죠. 미안한 마음이 있어 아내에게 제일 먼저 100감사를 써서 준 것입니다."

이 말을 하고는 감정이 흔들리는지 잠시 말을 멈추었다.

"며칠 전이었습니다. 아내에게 퇴근하여 내가 전달해 준 100감사가 어땠는지를 물어봤습니다. 마침 그 날은 학교 기숙사에서 지내는 딸도 집에 와 있었습니다. 아내는 잠시 생각을 하더니 '별 감동 없었어' 라고 말을 하는 것이었습니다.

그 때 저는 너무나도 당황스럽고 화가 났습니다. 내가 아내에게 100감사를 쓰면서 얼마나 많이 울고 반성하며 썼는데 '이 글을 보고 아무 감동이 없었다고?' 평소 같았으면 폭발했을 것입니다. 다행히 제 손목에 지난 번 소장님이 주신 감사밴드가 있어 오른손으로 왼손에 있는 감사밴드를 부여잡고 부들부들 떨면서도 참았습니다. 솔직하게 말 해 주어 고맙다고 말을 한 후 아내는 안방으로 나는 서재로 들어가 뜬 눈으로 밤을 지새우게 되었습니다.

처음에는 화가 나더니 내가 아내에게 모진 말을 한 기간이 얼마인지에 대한 생각이 들더군요. 그럴 수 있겠구나 하는 마음을 먹게 되니까 아내에게 화가 나기보다는 더 잘해야겠다는 생각이 들었습니다."

자신의 이야기라 목이 메는지 잠시 말을 멈추고 컵에 담긴 음료수를 들이켰다.

"그런데 그 다음날 퇴근해서 집에 들어갔더니 아내가 내게 이런 말을 하더군요. '별 감동 없다고 이야기한 것은 사실이 아니고 당신과 더 이상 엮이고 싶은 마음이 없어서 그렇게 이야기 한 것인데, 요즘 당신을 보면 뭔가 바뀌고 있는 것이 느껴져' 라는 말을 듣던 그 순간이 내 인생의 가장 행복했던 순간이 아니었나 싶습니다. 그때 저는 생각했습니다. '감사라는 것이 놀라운 힘을 가지고 있구나...' 사실 저는 100감사를 쓰며 조금은 불순한 생각을 했습니다. 이걸 써 주면 아내가 나에게 감동을 할 것이고 여지껏 내가 상처 준 것들은 없어질 것이라고요. 그런데 지금은 생각이 바뀌었습니다. 100감사는 받는 사람도 감동을 하지만 쓰면서 쓰는 사람의 감정이 정화된다는 것을 깨닫게 되었습니다."

고만석 부장이 본인의 사례발표를 하자 누가 먼저랄 것도 없이 박수가 터져 나왔다.

"어떠세요? 지금 부장님의 말씀을 듣고 있으니 회의실 안의 공기가 바뀐 것 같지 않으세요?"

"맞습니다."

"여러분 감사의 에너지에는 파동이 있습니다. 우리나라에도 소개되어 베스트셀러가 된 책 〈물은 답을 알고 있다〉를 보면 물에 글자를 보여 주고 영하 25도에서 얼려 물의 결정을 보게 되면 긍정의 언어와 부정의 언어가 가지는 결정이 차이가 나는 것을 알 수 있습니다. 밥 실험이나 양파 실험에서 나타나는 변화도 이러한 긍정에너지와 부정에너지의 파동에 영향을 받는 것이구요. 에모토 마사루 박사의 견해를 따르자면 물은 에너지의 파동을 알고 느낍니다. 우리의 몸은 70%가 물로 되어 있습니다. 그렇다면 양파나 밥만 영향을 받고 우리는 긍정에너지나 부정에너지에 영향을 받지 않을까요?

데이비드 호킨스 박사는 본인의 책 '의식혁명'에서 인간의 의식레벨을 수치화시켜 인간이 경험할 수 있는 의식수준의 모든 영역을 1 ~ 1,000까지의 수로 나타냈습니다. 이 표를 보시게 되면 의식의 전환점으로 여겨지는 것이 '용기'로 200Lux에 해당됩니다. 용기의 아래쪽에는 부정적인 에너지를 나타냅니다. 그래서 표기도 힘에 대한 부정적인 이미지를 많이 담고 있는 Force로 하게 됩니다. 반면 용기의 위쪽 부분은 긍정적인 에너지를 나타내고 사용한 단어도 Force와는 다르게 긍정적 이미지를 많이 담고 있는 Power로 쓰게 됩니다. 의식수준의 최상위 단계로 표시된 깨달음이나 평화의 단계는 종교수준의 의식이라고 할 수 있습니다. 그러니까 인간이 할 수 있는 것 중에 가장 에너지 수준이 높게 나타나는 단계가 세 번째 줄의 기쁨, 감사, 축복의 영역입니다."

이 날도 강의가 주는 감동이 상당했다. 물론 부장님의 사례발표가 놀라웠던 것은 말할 것도 없다.

Power (밝은 의식)	의식밝기	의식수준	감정	행동
Power (밝은 의식)	700-1000	깨달음	언어를 넘어선 경지	순수의식
	600	평화	하나	인류공헌
↑	540	기쁨	감사	축복
	500	사랑	존경	공존
덕분에	400	이성	이해	통찰력
	350	포용	책임감	용서
↑	310	자발성	낙관	친절
	250	중용	신뢰	유연함
의식의 전환점	200	용기	긍정	힘을 주는
	175	자존심	경멸	과장
↓	150	분노	미움	공격
	125	욕망	갈망	집착
때문에	100	두려움	근심	회피
	75	슬픔	후회	낙담
↓	50	무기력	절망	포기
Force	30	죄의식	비난	학대
(어두운 의식)	20	수치심	굴욕	잔인함

오미영 소장이 이야기한 파동의 원리가 맞다는 것을 확인 하는데 일주일도 걸리지 않았다.

지점에 있는 양파는 여전히 '감사합니다' 양파보다 '저주합니다' 양파의 뿌리가 많이 자라 있었다. 그런데 어느 날 '무관심' 양파가 없어져 물어보니 지나가다가 컵을 깨트려 버렸다는 것이다. 진짜 무관심 속에서 사라져 간 것이다.

나는 '왜 이런 현상이 일어났을까?' 생각하며 양파를 만져 보았다.

'저주합니다' 양파를 만지는 순간 심하게 물컹거렸다. '감사합니다' 양파는 아직도 딴딴한데 '저주합니다' 양파는 겉으로는 멀쩡해 보였지만 속에서 썩어가고 있었던 것이다.

이 후 두 주도 되지 않아 '저주합니다' 양파는 썩어 컵 안으로 주저 앉아 버렸고 컵에 담겨있던 물도 탁하게 오염이 되었다.

이 실험을 지켜 본 우리 지점 영업가족들은 모두 감사의 힘을 경험하고 감사쓰기 활동을 열심히 할 수 있는 동력을 얻었다.

파동의 원리

베스트셀러 〈물은 답을 알고 있다〉의 저자 에모토 마사루 박사는 감사나 불평 등이 파동을 가지고 있고 이것이 다른 것에 영향을 미친다는 것을 자신이 한 실험을 통해 입증한 바가 있다.

박사는 5cc의 물을 담은 50개의 샘플접시에 각각 '감사합니다'를 비롯한 긍정적 언어를 붙인 것과 '저주합니다'를 비롯한 부정적 언어를 붙인 것을 영하25도에서 3시간 냉동 후 영하 5도 냉장고에서 전자 현미경으로 관찰하였다. 그랬더니 긍정적인 언어의 결정체는 다이아몬드 보석과 같은 아름다운 결정을 보여준 반면, 부정적인 언어의 결정체는 보기에도 심하게 일그러진 모습을 보여주었다.

굳이 박사의 실험과 같이 영하 25도 상황을 만들거나 전자현미경을 가지고 있지 않더라도 밥이나 양파 등을 통한 실험을 통해서 감사의 파동에너지가 어떤 작용을 하는지를 알 수가 있다.

긍정적인 언어를 써 붙인 밥은 일정시간이 지나 향긋한 곰팡이가 피는데 비해 부정적인 언어를 써 붙인 밥은 모양도 냄새도 매우 좋지 않게 변하는 것을 우리 주변에서 실험을 통해 얼마든지 확인해 볼 수가 있다.

밥뿐만이 아니라 양파 실험이나 고구마 실험 등 긍정의 언어가 가지는 긍정적인 힘을 알 수 있는 방법은 너무나도 많다.

우리의 몸은 70%가 물로 구성되어 있다. 접시에 붙여 놓은 글자만으로도 결정의 모양이 바뀌는데 우리가 감사를 생각하고 감사를 쓰고 감사를 말하고 감사를 듣는다고 했을 때 우리 몸에 가져오는 변화가 어떨지에 대해서도 생각해 볼 수 있으면 좋겠다.

우리 속담에 '콩 심은데 콩 나고 팥 심은 데 팥 난다.'라는 것이 있다. 긍정성을 심으면 긍정적인 결과가 나오고 부정성을 심으면 부정적인 결과가 나온다고 할 수 있다.

지금 당신의 마음에 감사의 씨앗을 심는다면 어떤 열매가 나올지 상상해 보자.

오미영 소장님께 감사한 마음이 생겼다.
'감사' 라는 참 흔한 단어를 특별한 단어가 될 수 있도록 전해 준
고마운 사람이다. 내 인생 최악의 상황에서
오미영 소장을 만났고 기적적으로 반전이 일어났다.

감사형통
(感謝亨通)
Thank you!
[성과의 원리]

감사형통(感謝亨通)
Thank you!(성과의 원리)

불행할 때 감사하면 불행이 끝이 나고,
형통할 때 감사하면 형통이 다시 찾아온다.
– 스펄전 –

• • •

　　　　처음 감사를 하면 성과가 좋아진다는 말을 들었을 때 드는 느낌은 '당연한 거 아닌가?' 하는 생각이었다. 감사하면서 사는 것이 불평하면서 사는 것보다 당연히 좋지 않겠나 하는 막연한 생각이 들었기 때문이다.

　지금 다시 '감사를 하면 성과가 좋아진다'는 말을 듣는다면 처음 가졌던 느낌과 확실히 다를 것 같다.

　맛있어 보이는 음식을 사진을 통해 보며 얼마나 맛있을지 상상을 하는 것과 직접 먹어 보고 느끼는 것의 차이랄까.

　아내에게 감사한 마음이 생겼다.

기쁠 때도 속상할 때도 내 옆에 있어 준 것이 감사했다. 세상에 하나밖에 없는 나를 닮은 아들 해성이를 그것도 내 생일날에 낳아준 것이 정말 고마웠다. 어느 순간부터 나를 사랑하지 않는다고 생각을 했지만 그것이 아내의 책임이 아니었다고 내가 아내를 바라보는 관점을 바꾸자 아내는 항상 그 자리에 여전히 내 곁에 있었다는 것을 알게 되었다. 신혼 때 입버릇처럼 '내 인생에 여자는 당신 하나면 된다'고 했는데 결혼 20주년을 맞아 지금도 내 인생의 여자는 당연히 아내 한 명이면 족하다는 이야기를 해 주고 싶다.

　아들 해성이에게 감사한 마음이 생겼다.
　성격부터 생김새까지 하나 하나 나를 쏙 빼닮은 아들. 나의 단점을 아들을 통해 보게 될 때 아들이 밉고 싫었고, 그래서 아들과 갈등도 시작되었지만 항상 아들은 나를 기다렸고 내가 아들 곁에 있어 주기를 바랐다. 공부하기를 싫어하는 것도 생각해 보면 나도 저 나이 때 공부하기 싫어했으므로 어떻게 보면 당연한 일이라 생각하니 조바심도 조금은 내려놓을 수 있었다.

　고만석 부장님께 감사한 마음이 생겼다.
　신입사원 시절 내가 본받을 수 있는 롤 모델이 되어 주었고 나를 잘 트레이닝 해 준 코치였다. 1년 전 내가 맡았던 팀이 해체되어 오갈 곳이 없어졌을 때도 나를 챙겨 주었고 결과적으로 김부장님의 배려와 관심이 남들보다 빨리 감사를 만나고 내가 행복한 삶을 살아갈 수 있도록 해 주었다. 또한 감사실천운동의 솔선수범 모델이 되어 내게 자극을 준 점도 아주 많이 감사하다.

　오미영 소장님께 감사한 마음이 생겼다.
　'감사'라는 참 흔한 단어를 특별한 단어가 될 수 있도록 전해 준 고마운 사람이다.
　내 인생 최악의 상황에서 오미영 소장을 만났고 기적적으로 반전이 일어났다.
　다른 강사님이 전해 주었어도 이렇게 효과적으로 전달이 되었을까?

　우리 회사와 회장님께 감사한 마음이 생겼다.
　회사의 목표를 직원과 고객의 행복으로 설정하여 우리에게 감사를 실천할 수 있는 기회를 제공하지 않았다면 지금의 행복해진 나를 만나기 어려울 것 같았다.
　나보다 더 뛰어난 사람도 많고 인간성 좋은 사람도 많을텐데 나에게 이 회사에서 일할 수 있는 기회를 제공해 주었다. 따져보면 지금 내가 누리고 있는 거의 모든 것이 회사생활을 하면서 만들어졌다고 볼 수 있기에 감사한 마음이 많이 들었다.

　보험회사에서 동료의식이라는 것은 한 마디로 정의하기가 곤란하다. 같은 회사, 같은 지점에서 같은 목표를 향해 일을 하고 공동체 의식도 있다. 하지만 어떤 때에 보면 동료라는 말을 사용하기 난감할 정도로 개인주의 성향을 보이기도 한다.

팀에 소속되어 있지만 철저히 자기중심적인 영업활동을 하고 수입도 자신이 만들어 가게 된다. 그렇다 보니 진한 동료의식을 기대하기 어려운 조직이 보험회사의 영업조직이다.

그런데 감사쓰기를 하면서 보험회사에 20년 가까이 근무하며 보지 못했던 모습들을 봤다.

처음에는 '행복나눔 125'의 감사나눔과 감사쓰기가 회사의 정책이라니까 마지못해서 쓰기 시작했다. 그러나 감사쓰기 시스템에 감사쓰기를 하고 나의 감사일기 뿐만 아니라 남이 쓰는 감사일기를 읽으며 상대방의 처지를 더욱 잘 이해하게 되었다. 또한 동료의 감사일기에 댓글을 달아 주다보니 자연스럽게 소통이 잘 되었다.

보험회사의 영업조직은 개인주의가 팽배해 지점의 목표나 팀의 목표가 개인에게 도움이 될 때는 적극성을 띠지만 개인의 이익과 직결되지 않을 때는 신경을 쓰지 않을 때도 있다.

그런데 매일 감사일기를 쓰고 읽으니 동료의 일상에 대한 이해의 폭이 넓어졌다. 또한 동료가 내게 남긴 댓글과 내가 동료에게 남긴 댓글이 서로를 소통시켜 주고 긍정적인 관계를 형성하게 해주었다.

영업조직에게 커뮤니케이션 스킬에 대해서 교육을 하면 전반적인 커뮤니케이션으로 이해하기보다 고객과 커뮤니케이션으로 받아들이는 경우가 많다.

그런데 감사쓰기를 하면서 지점 내 커뮤니케이션이 동료들 중심으로 자연스럽게 활성화 되어갔다. 타인의 삶에 대해 관심을 가지고 바라보기 시작하면서 서로를 향한 소통은 자연스럽게 선물처럼 주어졌다. 또한 댓글을 쓸 때 부정적인 언어를 사용하기보다 긍정적인 언어를 사용하면서 본인의 긍정성에도 좋은 영향을 미치게 되었고 타인과 관계가 놀랄 만큼 부드럽게 좋아졌다.

감사를 대하는 태도가 처음에는 냉랭하더니 한 달쯤 지난 시점부터 영업가족이 건물에 들어와 사업부가 위치한 층에 엘리베이터가 도착하여 문이 열리는 것과 동시에 감사의 에너지와 함께 지점으로 들어오는 것 같은 착각이 들 정도로 태도가 바뀌어 있었다.

강의 때 업무 몰입도가 80%를 넘어서면 종교집단의 수준이 된다고 했는데 지금 우리사업부의 분위기가 딱 그랬다.

감사쓰기를 지속하면서 영업조직에 생긴 가장 큰 변화는 영업활동량의 증가이다. 감사쓰기가 영업활동량과 무슨 관계가 있겠는가 싶겠지만 고객의 거절에 대한 내성이 강해졌다는 말로 설명을 할 수 있을 것 같다.

조회를 마치고 나서 대화하는 것을 들어보면 믿었던 사람에게 보험가입을 권유할 때 거절의사를 받으면 많이 힘들다는 이야기가 많았다. 그로 인해 다음 영업활동이 위축되고 거절이 여러 차례 반복되면 그날의 영업활동을 포기하는 사람들이 꽤 있었다.

그런데 감사쓰기를 하고난 뒤에는 거절에도 불구하고 오히려 다음을 기대하며 영업활동을 지속하는 경우가 많아졌고 활동량이 줄어들기는커녕 늘어나다 보니 실적이 늘어나서 영업활동에 대한 자신감을 가지는 경우가 많아지게 된 것이다.

감사쓰기를 통해 개인의 긍정성이 커지다 보니 거절이라고 하는 위기상황에 효과적으로 대처할 수 있게 되었고, 이는 활동량을 증가하는 결과로 이어져서 실적이 늘어난 것이다.

감사쓰기와 감사운동이 이렇게 개인의 행복과 조직의 성과에 큰 영향을 미칠 줄은 몰랐었다. 이렇게 좋은 감사쓰기를 우리 회사의 조직원들만 알고 있기에 아깝다는 생각이 들었다.

나에게 부여된 직함이 '땡큐베이터'인데 이는 지점의 영업가족들이 감사조직이 될 수 있도록 돕는 역할이지만 그것이 외부로 확대된다고 해도 나쁠 것은 없었다. 어디에서 누구와 나누어야 할지 어떻게 효과적으로 전해야 할지 고민이 되기 시작했다. 나에게 이런 기쁨을 가져다 준 감사를 또 다른 사람과도 나누고 싶었다. 어딘가에 감사를 몰라서 불행한 사람들이 반드시 있을 것이란 생각을 하면서…

가진 것이 많고 다 누리고 있음에도 감사할 줄 모르는 사람이 세상에서 가장 불행한 사람이라는 헬렌켈러 여사의 말이 생각났다.

'단언컨대 세상에서 가장 행복한 사람은 볼 수 있는 사람이다'라고 말하는 헬렌켈러 여사의 '3일만 볼 수 있다면'이란 칼럼을 읽어보면 우리가 누리고 가진 게 참 많음에도 그동안 감사표현과 실천에 너무 인색했다는 생각이 든다.

'행복은 얼마나 많은 것을 소유했느냐가 아니라, 얼마나 많이 감사하다고 말할 수 있느냐에 달려있다' 는 말이 맞다. 행복도 훈련이고 연습이고 반복이라면 오늘도 행복을 위해 감사로 무장하는 날을 살아야 함이 마땅하다는 생각이 든다.

3일만 볼 수 있다면(헬렌켈러)

첫째 날은 친절과 겸손과 우정으로 내 삶을 가치 있게 만들어준 사람들을 보고 싶다. 손으로 만져보는 것이 아니라 친구들의 내면적인 천성까지도 몇 시간이고 물끄러미 바라보면서 내 마음 속 깊이 간직하겠다.

오후가 되면 오랫동안 숲 속을 산책하면서 바람에 나풀거리는 아름다운 나뭇잎과 들꽃들 그리고 석양에 빛나는 노을을 보고 싶다.

둘째 날은 새벽에 일찍 일어나서 밤이 낮으로 바뀌는 가슴 떨리는 기적을 보고 싶다. 그리고 서둘러 메트로폴리탄에 있는 박물관으로 가서 손끝으로만 보던 조각품들을 보면서 인간이 진화해온 궤적을 눈으로 확인해 볼 것이다.

그 날 저녁은 영화나 연극을 보며 시간을 보내고자 한다. 보석같은 밤하늘의 별들을 바라보면서 하루를 마무리하겠다.

마지막 셋째 날은 많은 사람이 일하며 살아가는 모습을 보기 위해 아침 일찍 큰 길에 나가 오가는 사람들의 얼굴 표정을 보고 싶다. 그리고 오페라하우스와 영화관에 가서 공연들을 보고 싶다. 도시의 여기저기에서 행복과 불행을 동시에 눈여겨보며 그들이 어떻게 일 하며 어떻게 살아가는지 보고 싶은 것이다.

그리고 어느덧 저녁이 되면 네온사인이 반짝이는 쇼윈도우에 진열되어 있는 아름다운 물건들을 보면서 집으로 돌아와 나를 이 사흘 동안만이라도 볼 수 있게 해주신 하나님께 감사의 기도를 드리고 잠자리에 들겠다.

많은 사람들이 성공하면 행복할 것이라고 생각을 한다. 그리고 감사할 일이 생기면 감사할 수 있다고 이야기를 한다.

성공을 하게 되면 물론 행복해질 수도 있지만 행복해지게 되면 긍정의 에너지로 인해 인간관계에 영향을 미치고 건강과 창의력 등을 향상시키게 되어 자연스럽게 성공으로 이어지게 된다. 또한 감사를 하게 되면 어떠한 일도 감사의 시각으로 바라볼 수 있는 능력이 생기게 되기 때문에 감사할 일이 많아지게 된다. 감사가 또 다른 감사를 낳게 되는 것이다.

저녁에 퇴근하여 아내에게 오미영 소장에게게서
제안받은 내용에 대해 물어보니 '결혼해서 20년 동안 살면서
당신이 그렇게 행복하게 일하는 것을 본 적이 없다' 며
감사행복연구소의 소장직을 맡아서 해 보면 좋겠다는 말을 해 주었다.

또 다른
세상을
향하여…

10

또 다른 세상을
향하여…

아름다운 세상은 만들어 가는 것이 아닙니다.
이미 우리 주변에 있는 아름다운 세상을 발견하기만 하면
되는 것입니다.
그래서 이 영성훈련의 이름이 '아름다운 세상 만들기' 가
아니고 '아름다운 세상 찾기' 인 것입니다.

– 최일도 –

● ● ●

내 삶에서 감사를 만난 것이 정말 큰 행운이고 행복
이라는 생각에 〈100감사로 행복해진 지미 이야기〉 책을 다시 읽었
다. 100감사를 100일 동안 쓰게 되면 나에게도 기적이 일어날 것 같
은 확신이 들었다. 기적이라야 내가 먼저 변하는 것이고 주어진 상황
에 지혜롭게 잘 대처하는 일이겠지만, 혹시 긍정에너지가 넘치면 고
객들이 나를 향해 몰려올지도 모른다는 강한 자신감도 없진 않았다.
어떻게 보면 좋은 실적에 대한 열망이 100감사에 도전하고 싶은 가
장 큰 동기 중 하나이기도 했다.

그런데 직장생활을 하면서 100일간 100감사를 쓴다는 것은 불가
능하다고 생각했다.

강북지역본부 워크숍에서 그 일만 벌어지지 않았다면 나에게 100일 100감사를 쓰겠다는 의욕은 다짐으로 끝나고 100감사와 관련된 아무 일도 일어나지 않았을 것이다.

본부에서 진행한 워크숍에서 본부의 조직육성팀장인 서정민 팀장과 대화를 나눌 시간이 주어졌는데 감사를 통해 우리 가족이 많이 회복된 것을 이야기하자 서정민 팀장도 남편과 관계가 많이 힘들었는데 감사쓰기를 통해 회복을 시도하는 중이라고 했다.

부잣집 사모님으로 아무 걱정 없이 사는 줄 알았는데 이야기를 들어 보니 남편과 갈등이 심했고, 지금도 해결이 안 되어 힘들다는 말을 했다. 나도 아내에게 감사편지를 쓰는 일이 가장 힘들었다고 속마음을 이야기하자 의외라는 반응을 보였다. 다들 말을 하지 않았을 뿐이지 각자의 아픔을 지니며 살아가는 것 같다며 이럴 때일수록 더 열심히 감사를 쓰고 말하면서 에너지를 긍정적으로 잘 관리하면 좋겠다는 대화를 주고받았다.

그렇게 대화를 나누던 중 불현듯 100일 동안 100감사를 쓰면 기적이 일어난다는 말이 생각이 나서 '정말 그런지 나도 한 번 도전해 보고 싶다'는 말을 진담 반 농담 반 주고 받았다. 오히려 내 말을 들은 서정민 팀장은 정색을 하면서 100감사쓰기에 한번 도전해 보고 싶다는 의사를 표현해줬다. 그때 나는 아무런 망설임 없이 서정민 팀장이 함께 한다면 나도 이번 기회에 100일 100감사 쓰기에 도전해 보겠다는 말을 해버렸다.

워크숍에 참석한 인원들이 4개 팀으로 나뉘어 팀별 자유토론을 하는 시간에 차용균 과장의 제안으로 진실게임을 했다.

한 명씩 돌아가며 질문을 하고 대답을 하는 방식으로 진행되는데 서정민 팀장이 내게 질문을 하는 순서가 되자 갑작스럽게 방금 전 나누었던 대화의 내용으로 질문했다.

"100일 100감사에 도전해 보고 싶다는 이야기를 하셨는데 오늘 바로 도전하실꺼죠?"

돌직구를 날리듯 질문을 했고 나는 깊이 생각할 겨를도 없이 답변했다.

"아~ 네. 오늘부터 바로 하겠습니다."

내 대답에 확정판결을 내리듯 우리 팀원 전원은 응원의 박수를 쳐 주었다.

본부의 이석봉 차장이 '성지점장이 100일 동안 잘 쓰면 자신도 100일 100감사에 도전해 보겠다'고 하니 팀원들의 박수소리는 더 커졌고, 나는 뒤로 물러 설 수도 없어 100일 100감사 쓰기를 시작하게 되었다.

쓰겠다고 말은 했지만 어떻게 시작을 해야 할 지 막막하기만 했는데 주변에서 '100감사 쓰기로 했다며?' '대단하다 성지점장' 등 격려를 해 주는 바람에 꼼짝 못하고 100감사를 써야 할 처지가 되었다.

하루나 이틀 정도 쓰고 말 것이 아니기 때문에 준비도 해야 했고 마음의 다짐도 필요했다. 먼저 아내에게 매일 100감사를 쓰겠다고 이야기를 했더니 아내는 반대의사를 분명히 했다. 반대를 하는 이유는 '100감사를 쓰는 것이 싫다는 것이 아니고 지금도 늦게 들어오면서 저녁에 100감사 쓰겠다고 늦게까지 컴퓨터 앞에 앉아 있으면 가족간 대화는 어떻게 하느냐'는 것이 반대의견이었다. 아내의 말을 듣고 보니 일리가 있는 말이다. 집에서 감사일기 쓰겠다고 컴퓨터 앞에 앉아 있는 시간을 만들지 않으려면 어떻게 해야 할지 고민이 되었다. 그래서 감사일기를 쓸 수 있는 노트를 구입했다. 노트를 주머니에 넣어 가지고 다니다가 틈나는 대로 감사일기를 작성하면 집에서 아내와 불필요한 언쟁은 피할 수 있을 것 같았다.

매일 100감사를 쓰는 일은 결코 쉽지 않았다. 우선 물리적인 시간 자체가 많이 소요됐다. 100개의 감사한 것을 써 내려 가는 것만으로도 시간이 많이 걸리지만 무엇을 감사해야 할지 생각하는 시간이 쓰는 시간보다 훨씬 많이 걸리기 때문에 처음 100감사를 쓰기 시작했을 때는 2시간 이상이 걸렸다.

나중에 익숙해져 쓰는 시간이 많이 줄어들기는 했지만 그래도 최소 1시간 정도는 감사일기를 쓰는데 시간을 사용해야 했다.

100감사를 쓰며 처음에는 시간을 내는 것이 가장 큰 걸림돌이었다. 시간만 넉넉하게 주어지면 매일 100감사를 쓰는 것이 그다지 어렵지 않을 거란 생각이 들었다. 그런데 시간이 넉넉하게 주어지는 날에 100감사를 쓰는 것이 더 어렵다는 것을 알게 되었다.

특히 쉬는 날이어서 하루 종일 집에서 빈둥거린 날은 어디서 100감사 꺼리를 찾아야 할지 어려운 숙제처럼 머리가 아팠다.

어떤 날은 나의 평생 스승역할을 하는 아들 해성이에게 평소 습관이 발동해 버럭 화를 낼 때는 100감사고 뭐고 다 귀찮아져 버린 날도 있었다.

업무 때문에 밤늦게 들어오고 낮에도 감사일기를 쓰기 어려웠던 날은 다음날로 미뤄지게 되었다. 그런데 이것이 하루에 5개의 감사일기를 쓸 때는 별 문제가 되지 않았지만 100감사를 쓰면서 밀려 쓰게 될 때에는 전날에 어떤 일이 있었는지 생각조차 나지 않을 때도 있었고 오늘의 100감사까지 200개를 찾아 써야 하기 때문에 힘이 들기도 했다.

시간의 문제는 해결할 수 있는 것이 아니었다. 다만 우선순위를 어디에 두느냐의 문제인 것 같았다. 아무리 중요한 일이 있다고 할지라도 부모님의 상을 당하는 상황이 벌어지면 중요하다고 했던 일을 뒤로 미루거나 남에게 부탁하게 된다. 부모님의 상이 최우선인 것처럼 이 일을 얼마나 중요한 위치에 두고 시간과 노력을 할 것인가의 문제가 된다.

감사할 일을 찾아내는 것은 시간을 내는 것보다 어려운 일이다. 많은 활동을 하여 감사할 일을 많이 찾아내는 날은 문제가 안 되지만 별다른 일정 없이 지내는 날에 100가지 감사를 찾아내는 것이 정말 고역이었다. 그러던 중 포스코에서 근무를 했다는 반종진 코치를 만나 대화를 하다가 중요한 교훈을 얻었다. 반종진 코치는 포스코에서 감사운동 및 감사쓰기를 해 본 경험이 있는 분인데 본인은 100가지 감사를 쉽게 쓰는 방법을 안다고 했다.

어떻게 하면 쉽게 쓰는지를 물으니 탁자를 가리키며 '탁자를 가지고도 100감사를 만들어낼 수 있다'고 하며 비법을 알려 주었다.

"자! 여기에 탁자가 있지요 탁자가 뭘로 만들어졌습니까? 나무로 만들어졌잖아요. 그럼 나무가 심기어 졌기에 나무가 자란 것 아닙니까? 그럼 나무를 심은 사람에게 감사할 수가 있겠네요. 나무가 그냥 자랍니까? 햇빛과 물을 받아야 자라죠. 그러니까 햇빛과 물이 공급되었음에 감사할 수 있고, 또 재목으로 잘 자라기까지 베지 않았음에 감사할 수 있고 베어져 잘 다듬어 준 분에게 감사하고, 다듬는 곳까지 운반해 준 분에게 감사하고, 상품으로 만들어 준 분에게, 판매해 준 분에게 이 탁자를 살 수 있는 돈을 벌어 준 분에게 등등 한 가지 사물만 가지고도 100가지 감사를 만들어 내는 것은 어렵지 않습니다."

들고 보니 정말 공감이 가는 발상이란 생각이 들었다. 그렇게 감사를 확장시키면 감사의 소재가 없어서 감사일기를 쓰기 어렵다는 이야기는 하지 않을 수 있을 것 같았다.

그럼에도 또 하나 어려운 문제가 있었는데, 내 마음이 감사를 쓰고 싶지 않은 상태가 되어 버렸을 경우이다. 나를 제어하지 못하고 화를 내면 이후에 쓰는 감사쓰기 자체가 가식처럼 느껴지고 나의 사고가 부정적인 방향으로 흐르기 때문인지 감사를 쓸 마음이 전혀 생기지 않았다. 100일간 100감사를 쓰는 동안 해성이와 문제로 몇 차례 위기를 겪었다. 화를 낼 때마다 감사밴드를 반대쪽 팔에 옮겨 차면서 다시 시작하기를 반복하였다. '그럼에도 불구하고' 감사를 제대로 체험하기 시작했다.

그렇다. 아이가 학교 갈 시간이 다 되었는데도 꾸물거리는 일이 정상적인 상황은 아니지만 가출을 해서 찾으러 다니는 상황과 비교를 한다면 지금 꾸물거리고 있는 것이 얼마나 감사한가. 아이가 몸이 너무 아파 학교에 가지 못하는 상황과 비교해도 지금 내 눈 앞에서 시간을 지체하는 상황은 감사의 시각으로 바라볼 수 있는 충분한 여지가 있는 것이다.

그런 가운데 우리나라 국민들의 마음을 아프게 하는 큰 사고가 발생했다. 안산의 모 고등학교 학생들이 수학여행을 가기 위해 탄 배가 진도 앞바다에서 침몰해서 300명이 넘는 사람들이 죽는 사고가 발생한 것이다.

사고가 일어나고 얼마 지나지 않아 어버이날이 있었는데 세월호와 관련된 인터넷 기사를 보니 마음이 아팠다.

두 개의 기사 중 앞의 기사는 세월호에 타고 있다가 변을 당한 부모님을 생각하는 자녀의 이야기였고, 뒤의 기사는 자식이 공부 안하고 말을 듣지 않는 것 때문에 속상해 하던 부모의 이야기인데 공부 안해도 좋고 속을 썩여도 좋으니 그저 살아만 있어 달라는 내용이었다. 내용을 읽기만 했는데도 가슴이 미어지듯 눈물이 흘러내렸다.

그에 비하면 아침에 조금 꾸물럭 거려서 학교에 지각하는 것 때문에 버럭 화를 낼 일은 아니라는 생각이 들었다. 건강하게 곁에 있어주는 것만으로도 감사한 일이다.

다음부터 조금 더 일찍 서둘러 준비하자고 말하면 되는 것인데 화부터 내면 그런 날엔 감사쓰기가 더 힘이 들었다.

이렇듯 감사하기 어려운 상황이 벌어지면 그보다 더한 일이 발생하지 않은 것에 감사하기로 작정하고 그럼에도 불구하고의 감사일기를 써 나갔다. 그러면서 100일 100감사 쓰기의 어려움을 극복할 수 있었다.

바쁜 일이 있어 밀려 쓰게 되면 지속할 수가 없기 때문에 밀려 쓰더라도 이틀 이상은 밀리지 않도록 관리해야 했다.

100일간 100감사를 써 보겠다고 했을 때는 잘 인식하지 못했는데 감사의 힘은 놀라웠다. 하루에 100가지 감사를 찾아내려면 내게 일어난 하루의 일과 중 모든 것에서 감사를 찾아내야 했다.

하루 이틀 진행을 해 보니 감사의 힘과 근육이 늘어나는 것을 느낄 수 있었다. 나의 긍정성이 강화되었고 화가 나거나 불평을 하게 될 상황에서도 '감사합니다'를 찾아내는 나를 발견하게 되었다.

무엇보다도 기분 좋았던 것은 감사를 가르쳐 준 오미영 소장도 100일 100감사를 써 봐야지 생각은 했지만 아직 시도를 하지 못했는데 나로 인해 자극을 받아 100일간 100감사를 쓰고 있다는 이야기를 들은 것이었다.

매번 받기만 한 것 같았는데 뭔가를 준 것 같은 느낌이 들었고 빚진 것을 갚은 것처럼 마음이 가벼워졌다.

오미영 소장이 잠깐 만났으면 좋겠다고 연락해서 감사행복연구소로 찾아갔다.

"지점장님 어서 오세요. 100일 100감사 쓰시느라 고생 많았죠?"

"아닙니다. 유익이 많았습니다. 소장님 덕분에 이걸 완성했습니다. 그런데 다시 하라고 하면 심각하게 고민을 해 봐야 할 것 같습니다."

"정말 대단한 일을 해내신 겁니다. 저도 도전해야지 하는 생각을 하면서도 시도를 하지 못했는데 지점장님 하시는 것 보고 결심을 굳히게 되었는데요."

"안 그래도 소장님께 늘 받기만 해 신세를 지고 있다고 하는 생각을 했는데 이제 하나 갚았다는 생각이 드네요."

"신세라뇨. 저야말로 강북지역본부에서 진행한 감사프로젝트 덕을 많이 본걸요. 감사와 관련한 강의를 늘 했지만 여기저기에서 성과가 나오는 것을 보는 기쁨이 얼마나 컸는지 몰라요. 성과가 예상보다 빨리 나오는 바람에 회사 전체로 확대하는 일정도 앞당겨 질 수 있었고요. 지난 1년간의 일정이 어떻게 지나갔는지 모를 정도로 바빴고 보람된 날들이었어요."

어느 날 갑자기 찾아 온 감사가 나의 삶에 많은 변화를 주었다. 그런데 그것은 나에게만 있는 변화가 아니었다. 함께 감사를 쓰고 나누었던 지점의 식구들도 사업부장을 포함한 사업부내 모든 사람들도 겪은 변화였다. 회사에서 근무하며 여러 가지 다양한 교육을 받아 왔지만 이토록 사람의 내면을 변화시키고 지속되었던 프로그램은 없었다. 그런데 감사의 영향력은 우리에게 감사를 전해준 오미영 소장에게도 있는 것 같다. 아니, 어떻게 보면 최대 수혜자가 오미영 소장이라고 할 수도 있을 것이다. 나를 비롯한 우리는 일상 생활에서 어떻게라도 감사를 실천해 보려고 프로그램에 따라 일부러 많은 노력을 해야 했지만 오미영 소장은 늘 감사의 바다에 푹 빠져 사는 사람처럼 보였으니 말이다.

뭔가 하고 싶은 말이 있는 표정으로 커피잔을 만지작거리다가 잠시 창밖을 바라보던 오미영 소장이 입을 열었다.

"지점장님 제가 맡아서 하는 일에 큰 변화가 생기게 될 것 같아요."

"네? 변화라면 어떤?"

"그동안 여러 차례 만나서 대화를 나누면서도 주로 남의 말을 들어주는 입장이다 보니 제 이야기를 할 기회가 없었군요. 저는 음악을 전공했어요. 지금도 교회에서 성가대 지휘를 하고 있고요. 저는 남편도 지휘자 모임에서 처음 만났답니다. 저와 남편은 결혼을 하면서 유학을 가기로 결정했었는데 몇 가지 사건이 터지면서 유학을 포기해야만 했답니다. 결혼을 앞두고 심한 교통사고를 당해 3개월간 입원도 했었구요. 엎친데 덮친 격으로 결혼을 불과 1달 정도 앞두고 시아버님 되실 분이 돌아가시게 되었답니다. 이런 저런 상황을 정리하고 유학을 가려고 했는데 아이를 낳게 되었어요. 그런데 아이가 많이 아파서 대수술을 3번이나 받으면서 또 다시 계획을 변경해야 했답니다. 한 번 때를 놓치니 학교를 정해놓고도 유학을 가는 것이 쉽지 않았어요."

처음 만나던 날부터 밝게 웃는 모습만 봐서 그런지 구김살이라고는 하나도 없이 살았을 것 같았는데 오미영 소장의 인생도 나보다 더 심한 굴곡이 있었던 것 같아 짠한 마음이 들었다.

어쩌면 초등학교 다닐 때 선생님을 바라보던 학생처럼 그동안 오미영소장을 바라보았던 것 같다. 초등학생일 때 선생님은 화장실도 안가는 존재인줄 알았으니까.

그런데 왜 이 이야기를 지금 하는 거지? 그것도 나에게?

"그런데 다시 한 번 기회가 찾아 왔어요. 남편이 캘리포니아에 있는 교회의 오케스트라 지휘자로 초빙을 받았습니다. 남편은 정말 가고 싶어 하는데 제가 하고 있는 일 때문에 적극적으로 의사표현을 못 하고 있었어요. 마침 재수하던 큰 아들도 원하는 대학에 들어가게 되었으니 감사한 일이죠. 우리가 미국에 가더라도 서울에 있는 이모의 집이나 학교 기숙사에서 지내면 되기 때문에 아이들을 걱정하는 제게 오히려 아빠 엄마가 이 기회에 함께 유학을 다녀오면 좋겠다고 응원하듯이 말해주네요. 가더라도 음악공부를 다시 하러 가는 것은 아니고, 교육학 박사학위에 한 번 도전해 보려구요. 그리고 이번 기회를 놓치면 다시 기회가 올지 장담할 수 없어서…"

"아~ 네~ 그런 일이 있으시군요. 그래도 소장님이 떠나신다니 저는 많이 아쉽고 서운하네요."

그랬다. 불과 1년 남짓 시간이었고 실제로 만나서 함께 지낸 시간은 많지 않았지만 처음 만났을 때부터 다른 사람을 만났을 때와 다른 감정이 느껴졌었다. 그런데 먼 곳으로 떠난다고 생각하니 친한 친구와 이별을 하는 것처럼 허전한 마음이 들었다.

"감사운동이 확대 되는데 오소장님이 안계시면 지장이 있는 것 아닙니까?"

"그럴 리가 있겠어요? 시스템에 의해 다들 잘 하고 계시는데요."

"그런데 소장님 아까부터 궁금한 게 있었는데요. 물어 봐도 되나요?"

"네 얼마든지요. 대신 살살 물어야 합니다."

"아 이런 유머는 좀 썰렁한데요."

둘은 함께 웃었다.

"저를 보자고 하시고서 이런 말씀을 하시는 데는 특별한 이유가 있을 것 같은데 아닌가요?"

"맞아요, 제가 바쁘신 지점장님 뵙자고 하고서 그냥 제 이야기를 들어 달라고 한 것은 아니구요. 사실은 부탁을 드리려고 뵙자고 했어요."

"부탁이요?"

"네. 작년 우리회사에 감사 프로그램이 처음 도입되어 시작된 이후로 많은 분이 감사를 통해 긍정적인 변화를 경험하셨어요. 그 중에서 제 눈길을 사로잡기에 충분한 분이 성지점장님이셨어요. 처음 뵈었을 때의 모습과 지금의 모습을 비교해 보면 '같은 사람이 맞나?' 생각해 볼 정도로 많은 변화가 있었어요. 특히 지난 번 100일 100감사 쓰기에 도전하여 성공하신 것은 저에게 큰 자극이 되어 저도 100일

100감사를 쓰게 하는 계기를 제공해 주셨죠. 그래서 저는 제가 맡고 있는 감사행복연구소장 후임으로 성지점장님을 추천해 드리고 싶은 마음이 있어요."

"네에?"

너무나도 놀란 나머지 다음 말이 나오지 않았다.

"많이 놀라셨죠?"

"네. 솔직히 당황스럽습니다. 저는 입사해서 여지껏 영업만 해 왔거든요. 물론 육성영업소장을 하면서 강의를 하기는 했지만 그 때도 신입사원들을 영업맨으로 육성하는 직무교육 정도였으니까요. 소장님께서 하시는 업무를 제가 잘 할 수 있을지 자신이 없는데요."

"그럼 한 가지만 여쭤볼게요. 이 일을 할 기회가 주어진다면 하고는 싶으세요?"

"잘 할 수 있는지는 모르겠지만 소장님 일하시는 모습을 보며 나도 저렇게 행복하게 일해 보고 싶다는 생각은 여러 번 한 적이 있습니다."

"그렇다면 제 이야기를 한 번 들어 보시죠. 제 나름대로는 직업선택의 명확한 기준을 가지고 있습니다. 직업선택에서도 필요하지만 업무를 선택하는 경우에도 해당되죠.

'첫째 좋아하는 일인가? 둘째 잘하는 일인가? 셋째 옳은 일인가?'를 저 스스로에게 물어 봅니다.

좋아하지 않는 일을 하면서 평생 살기는 쉽지 않습니다. 그래서 처음 묻는 것이 그 일을 좋아하는지를 확인하는 것입니다.

그런데 좋아하기만 하고 잘하지 못한다면 이것을 직업으로 삼을 수는 없어요. 이것은 직업보다 취미로 가지는 것이 좋지요. 예를 들어 야구를 좋아하지만 야구를 잘하지 못해요. 그렇다면 야구를 취미로 하든지 야구 관람을 하는 것을 선택해야지, 야구하는 것을 직업으로 삼을 수는 없는 거죠.

마지막 선택기준은 옳은지를 묻는 것입니다. 이것도 예를 들어보지요. 제가 도박을 좋아한다고 치죠. 그리고 도박에 소질이 있어서 잘한다고 할게요. 그렇지만 도박을 직업으로 삼을 수는 없습니다. 왜냐하면 도박을 하는 것이 옳은지를 물을 경우 대답을 할 수 없거든요. 지점장님은 이 일을 좋아하시나요?"

"재미있을 것 같아요. 아니 좋아할 수 있을 것 같아요."

"그렇다면 더 이상 별 문제는 없겠네요. 제가 보기에 우리 회사에서 이 일은 지점장님이 제일 잘 하실거란 믿음이 있거든요. 좋아하는 일이고, 감사를 통해 개인과 조직을 행복하게 하는 일은 옳은 일이니 문제가 될 것이 없구요."

"그런데 생각을 조금 정리해 볼 시간이 필요한 것 같습니다. 고만석 부장님과도 상의를 해 보는 것이 좋을 것 같구요."

"참고로 지점장님을 만나기 전 인사담당 이세천 상무님과 이야기를 마친 상태입니다. 상무님은 제가 추천하는 사람을 우선적으로 검토하시겠다고 하셨습니다."

"아~ 네. 감사합니다. 좀 더 생각해 보도록 하겠습니다."

사업부로 돌아와 고만석 부장에게 오미영 소장에게서 들었던 내용을 말씀 드렸더니 고만석 부장은 '내어주기 아까운 인재이기는 하지만 좋은 기회가 될 것 같다'며 열심히 한번 잘 해 보라고 했다.

사무실에서 업무를 정리하고 있는데 한바탕씨가 잠시 이야기를 하자고 했다.

"뭐 하실 말씀 있으세요?"

"지점장님. 우리 아들한테 전화를 받았는데요. 우리집에 있는 '저주합니다' 물고기가 죽었다지 뭐예요."

"네? '저주합니다' 물고기가 뭐죠?"

다짜고짜 물고기 이야기를 하는데 알아들을 수가 없어 되물었더니 그제야 알아차린 듯 자신의 이마를 한 번 치더니 자세히 설명을 해주었다.

"아이고 내 정신 좀 봐. 지난 번 우리 사무실에서 밥 실험하고 양파 실험을 했잖아요. 결과가 너무 신기했는데 얼마 전 아이들하고 마트에서 금붕어를 산 일이 있었어요. 그런데 호기심이 생기더라구요. 식물은 감사를 적어 놓은 것이 효과가 있었는데 동물도 같은 현상이 나타날까 싶더라구요. 그래서 금붕어를 몇 마리 더 사서 집에 있는 와인잔에 두 마리씩 넣어 두고 하나는 '감사합니다' 라는 글귀를 붙이고 나머지 하나는 '저주합니다' 를 붙여 놓았거든요."

한바탕씨는 이야기를 하며 몸으로 물고기와 와인잔의 모양을 설명하듯 표현해 가며 진지하게 설명했다.

"그런데 일주일이 지났을 때 '저주합니다' 를 붙여놓은 잔에 있는 물고기 한 마리가 죽은 거예요. 참 신기하다 생각을 하면서 죽은 물고기를 건져내고 며칠을 더 지켜보기로 했는데 3일이 더 지나서 오늘 역시 '저주합니다' 잔에 있는 물고기가 죽었다고 아들이 전화로 알려 준 거예요. 신기하지 않아요? 지점장님?"

이미 밥 실험과 양파 실험을 통해 감사의 에너지가 사물에 작용을 한다는 것을 알고 있었지만 한바탕씨가 하는 이야기를 들으며 온 몸에 소름이 돋았다.

저녁에 퇴근하여 아내에게 오미영 소장에게 제안받은 내용에 대해 물어보니 '결혼해서 20년 동안 살면서 당신이 그렇게 행복하게 일하는 것을 본 적이 없다' 며 감사행복연구소의 소장직을 맡아서 해 보면 좋겠다는 말을 해 주었다.

다음 날 오미영 소장을 만나 감사행복연구소장직을 맡아서 해 보고 싶다는 말을 전했다.

"잘 생각 하셨어요. 지점장님이 감사행복연구소를 맡아서 운영하시면 우리 회사가 정말 일하기 좋은 회사가 될 겁니다."

"그런데 소장님은 언제 미국으로 가시는 건가요? 바로 가시는 것은 아니죠?"

"아니에요. 저도 남편도 정리해야 할 것이 있어서 6개월 정도 후에나 가능할 것 같아요. 그 사이 부족한 영어공부도 좀 해야죠. 일단 3개월 정도는 함께 근무를 하면서 인수인계를 할 예정이고 저는 3개월 뒤 퇴사를 하고 남은 3개월 동안 간간히 강의를 돕는 선에서 정리를 했으면 좋겠어요. 지점장님, 아니 이제부터는 소장님이라고 해야 하나요? 소장님 생각은 어떠세요?"

'소장?'

지금은 지점이라고 부르지만 예전에는 지점을 영업소라고 불렀다. 그래서 나의 타이틀도 소장이었다.

내 인생의 전성기와도 같았던 시기에 나를 부르던 직함이 소장이었다.

지금은 내 인생 두 번째 전성기가 되는 것 같다.

인생의 전성기마다 내게 붙여진 직함이 소장인 것을 보면 나는 소장 체질인 모양이다.

"6개월이라도 함께 하며 배울 수 있는 기회가 주어지면 저야 감사하죠."

"네. 그럼 동의하신 걸로 알고 이세천 상무님께 말씀 드리고 후속 조치를 취하도록 할게요."

"소장님 하겠다고는 말씀을 드렸지만 잘 할 수 있을까 두려움이 생기기도 합니다."

"이팀장님 표현대로 천하의 성지점장님인데도 두려움을 느낄 때가 있나 보네요. 호호호."

오미영 소장이 일부러 짓궂은 표정을 지으며 잘 할 수 있다는 강한 신뢰를 표현해 주었다.

"그러실 줄 알고 제가 준비한 것이 있습니다."

오미영 소장은 내게 줄 것이 있다고 하며 카드 한 장과 도서목록을 건네주었다.

도서목록에 감사와 관련된 도서 30권의 목록이 적혀 있었다.

감사도서목록

순번	도서명	저자	출판사
1	나는 당신을 만나 감사합니다	손욱	김영사
2	100감사로 행복해진 지미이야기	유지미	감사나눔신문
3	내 인생을 바꾸는 감사레시피	정지환	북카라반
4	감사진법	강충원	좋은생각
5	내 인생에 Thank you	게르트 쿨하비 외	로그인
6	절대감사	김병태	브니엘
7	고맙습니다	김승남	한경비피
8	삶을 바꾸는 감사의 습관	뇔르 C. 넬슨	한문화
9	소망을 이루어주는 감사의 힘	뇔르 C. 넬슨 외	한문화
10	감사의 힘	데보라 노빌	위즈덤하우스
11	감사	라이언	혜문서관
12	Thanks!	로버트 A. 이먼스	위즈덤하우스
13	감사합니다 – My Thanks To You	메리 그레이스 로달테	지상사
14	감사의 기적	멜로디 비티	행간
15	감사의 비밀	박필	행복을 만드는 사람들
16	지금 여기에서 감사하라	성전	개미
17	오늘 하루도 감사합니다	소노 아야코	리수
18	땡스투올(Thanks to all)	송재천	꽃삽
19	그래도 감사합니다	신동철	누가

20	900번의 감사	아야노 마사루	하늘을 나는 교실
21	감사로 움직여라	월터 그린	맥스미디어
22	감사하는 사람에게는 축복의 문이 열린다	유영일	올리브나무
23	고맙습니다 참 고맙습니다	이성숙	북로그 컴퍼니
24	내 인생을 바꾸는 감사일기	이의용	아름다운 동행
25	평생감사	전광	생명의 말씀사
26	작은 감사 큰 행복	전광	생명의 말씀사
27	평생감사 실천편	전광 외	생명의 말씀사
28	감사의 말 한마디	정병태	넥스웍
29	감사의 효과	존 디마티니	비전코리아
30	365 Thank You	존 크랠릭	한국경제신문사

"감사행복연구소장을 하시려면 적어도 여기에 적혀 있는 책은 다 읽으셔야 합니다."

"어이쿠 독서실이라도 끊어 놓고 책을 봐야 하는 것 아닌가요?"

도서목록을 훑어보니 대여섯 권은 이미 읽은 것이었다.

"제가 강의를 하면서 말씀드렸던 내용의 상당 부분은 이 책을 통해서 배운 것입니다. 이 책들 말고도 더 있는데 한꺼번에 읽으라고 하면 놀라실 것 같아 먼저 읽어야 할 목록만 드리는 겁니다."

도서목록과 함께준 명함크기의 카드 앞면에 THANKS LEADER 라는 글자가 있었고 뒷면을 넘겨보니 LEADER를 초성으로 만든 단어가 적혀 있었다.

딱 봐도 오미영 소장이 나에게 주기 위해 만들어 놓았다는 것을 알 수 있었다.

감사리더가 되기 위해 어떻게 해야 할지에 대해 많은 생각을 하고 만들어 준 카드를 바라보니 나에게 펼쳐지는 또 다른 세상으로 들어가는 입장권을 손에 쥐고 있다는 생각이 들었다.

THANKS LEADER

Listen 들으라
Encourage 격려하라
Assist 도우라
Delegate 위임하라
Engage 몰입시켜라
Recognize 인정하라

그리고 모든 것 앞에 감사하라 Thanks

"지점장님 지난 1년여 동안 가장 중점을 두고 진행해 온 것은 감사쓰기였습니다. 그런데 이제는 독서토론을 시작할 시점이 된 것 같아요."

"독서토론이라구요?"

나는 감사실천을 지속하려면 독서토론도 함께 해야 한다고 강조하는 오미영 소장의 이야기가 쉽게 이해되지 않아 질문을 하였다.

" '행복나눔125' 기억하시죠?

1주일에 한 가지씩 착한 일을 하고, 한 달에 2권의 좋은 책을 읽고, 하루에 5가지의 감사일기를 쓰자고 했던 것 말이에요. 우리는 1년여 동안 감사쓰기를 열심히 해 왔습니다. 그리고 어느 정도 성과를 거두고 있구요. 그런데 이를 지속하고 감사의 힘을 길러 더욱 확대하기 위해 책을 많이 읽고 토론하는 문화가 필요합니다."

"책을 읽고 토론하는 것이 필요하다는 것은 압니다만 개인적으로 하면 되는 것 아닌가요?"

"개인적으로 하는 것과 함께 하는 것은 여러 가지로 차이가 있습니다. 감사쓰기도 혼자서 할 경우 오래가기 어렵습니다. 하지만 함께 하니 많은 분이 감사쓰기를 지속할 수 있고 감사로 인한 효과도 보게 되었습니다. 독서도 마찬가지입니다. 요즘 자기계발에 관심이 많아 책을 많이 읽고 있는데, 혼자 읽은 것과 함께 읽고 토론을 하는 것은 성과면에서 차이가 아주 많이 납니다." 오미영 소장은 컴퓨터를 켜고 몇 가지 자료를 보여 주었다.

"우리나라의 기술경쟁력이 세계를 주름잡았던 시기가 있었는데 언제였는지 아시나요?"

"요즘 아닙니까? 반도체도 TV도 그리고 스마트폰까지 대한민국의 기술력이 세계 시장에서 통하고 있잖아요."

"맞습니다. 요즘도 대한민국의 기술력이 세계에서 알아주는 수준이죠. 그런데 과거에도 그랬던 적이 있어요."

"아! 생각해 보니 금속활자도 우리가 처음 만들었고 철갑선도 최초로 만든 것 같네요."

"좋습니다. 일본의 이토 야마타씨가 쓴 〈과학기술사사전〉을 보면 15세기를 대표하는 전 세계 과학기술 업적으로 62건을 소개하고 있습니다. 이 중 조선의 기술이 29건, 중국이 5건이고 일본은 한 건도 없습니다. 15세기 전반기 전 세계 최신과학기술의 절반 이상이 동양에서 나왔는데 동양에서 나온 34건 중 85%에 해당되는 29건이 조선의 업적이었습니다.

　이 시기는 세종대왕께서 통치를 하셨던 시기인데 이 시기가 백성들이 가장 행복했던 시기가 아닌가 싶어요.”

　세종대왕은 우리나라의 대표적인 성군이었기에 잘 알고는 있었지만 지금 듣고 있는 말은 생각 밖의 일이었다.

　“그런데 이렇게 놀라운 업적을 만들어 낼 수 있었던 배경이 다름 아닌 독서와 독서토론 문화 때문에 가능했다는 것입니다.”

　내가 아무런 말을 하지 못하자 오미영 소장은 하던 말을 이어갔다.

　“세종대왕 스스로가 책읽기에 솔선수범을 했던 왕이기도 했죠. 나라를 다스리며 책을 손에서 놓지 않았던 분이었습니다. 더군다나 많은 사람에게 책을 읽을 수 있도록 하기 위해 훈민정음을 만들기도 하셨죠. 또 궁궐 내에 주자소를 만들고 구리로 만든 활자인 ‘갑인자(甲寅字)를 제작하여 하루에 40벌씩 책을 찍어 냈습니다. 40벌 하니까 감이 잘 안 오실 것 같은데 지금으로 말하면 초고속 인쇄기술에 해당합니다. 일반 백성들도 많이 읽었던 〈소학(小學)〉은 1만권이 있었다고 합니다. 당시 우리나라 가구수가 21만 가구임을 감안하면 100만부도 넘는 엄청난 양이었다고 합니다.”

　나는 놀라움을 표했다. “엄청난 일을 하셨군요.”

　“게다가 세종께서는 재위 32년 동안 경연을 1,898회나 여셨다고 합니다. 세종대왕께서 직접 참여해 학자들과 토론을 거듭하다보니 유능한 인재도 발탁이 되고 서로 교류를 하며 문제를 해결해 나가니 자연스럽게 시너지가 창출되었던 것입니다. 그러한 결과로 농업기술을 향상시키기 위한 〈농사직설〉을 발간하고 측우기, 화포 및 화차 등을 개발했고 몇 년 전 영화로도 나왔던 세계 최초의 로켓기술인 신기전을 만들기도 했지요. 농경사회였던 세종시절에 농업생산성이 400%나 향상되었다는 기록이 있습니다. 지점장님, 현재 세계를 움직이는 민족은 어느 민족이라고 생각하세요?"

"유태인들 아닌가요?"

"맞습니다. 유태인들은 전 세계 인구의 0.25%에 불과하지만 노벨상의 23%를 차지하고 있고 세계의 정치, 경제, 문화를 주름잡고 있습니다. 한 가지 더 여쭤볼게요 우리나라 도서관에 가면 분위기가 어떤가요?"

"조용하죠. 책장 넘기는 소리만 나는 것 같은데요. 거기서 시끄럽게 떠들면 쫓겨 날 겁니다."

"그렇죠. 그런데 유태인들의 도서관인 예시바에 가보면 우리나라 도서관과 다르게 굉장히 시끌벅적 합니다. 서로 모르는 사람과도 토론을 하는 모습을 쉽게 볼 수 있습니다. 이는 유태인들의 독특한 토론문화인 헤브루타(Hevruta) 때문인데 유태인들은 어려서부터 짝을 이루어 토론을 하며 공부를 한다고 합니다. 이러한 교육방식 때문에 적은 인구에도 불구하고 노벨상을 휩쓸다시피 할 정도의 성과를 내고 있다고 볼 수 있습니다."

"우리에게도 효과가 있을까요?"

"물론이죠. TV에서 시작해 반도체와 스마트폰으로 세계일류가 된 우리나라 기업도 '수요공정회의' 라는 것을 통해 1,000번이 넘는 토론을 거쳐 문제를 해결하고 기술자들의 창의성을 극대화 시켜 남들보다 뒤늦게 시장에 진입하고도 8년 만에 '반도체 세계 1위' 라는 놀라운 업적을 만들어 냈했습니다."

"이해는 갑니다. 하지만 거기는 제조업 분야이고 우리는 금융업이고 더욱이 영업을 통해 성장을 하는 곳인데 같은 원리로 적용할 수 있을까요?

"조용히 혼자서만 공부를 한 결과를 살펴보도록 하죠. 우리는 시험을 보고 나면 다 잊어버리고 맙니다. 그러나 토론을 하면 과정에 직접 참여했기 때문에 살아 있는 지식이 됩니다. 독서로 쌓은 지식이 토론을 통해 창의력이 되고 개인의 범주를 넘어 집단 지성, 집단 창의력이 되는 것입니다. 금융상품을 개발하는 것과 어려운 영업환경 속에서 시장을 개발하고 세일즈 능력을 향상시키는 것도 다 같은 원리가 작용하는 것입니다. 지금 모든 이야기를 할 수는 없고 본사의 교육부서와도 함께 준비 중인 것이 있으니 시간을 가지고 더 이야기를 해 보도록 하시죠."

감사행복연구소장을 하겠다고 했을 때 감사를 전파하는 것에 대해서만 생각을 했는데 '행복나눔125' 를 이야기하며 선행과 독서토론까지 이야기를 하니 준비해야 할 것이 많음을 느꼈다.

오미영 소장이 준 도서목록을 보며 인터넷 서점에서 급하게 읽어야 할 것부터 주문을 했고, THANKS LEADER 카드의 내용은 복사를 해 눈에 잘 띄는 곳에 붙여 두고 하나씩 훈련해 나가야겠다는 생각을 했다.

감사를 처음 만났을 때 나는 어두운 터널의 한복판에 있었다. 정신 없이 감사와 함께 달려오다 보니 한 줄기 빛이 보이며 터널의 출구가 보이기 시작했다. 눈앞에 보이는 터널의 출구 쪽에 내가 걸어가야 할 새로운 세상이 펼쳐지고 있었다.

감사리스트 작성하기/감사카드 쓰기

소중한 (   )님께 감사합니다

1	
2	
3	
4	
5	

감사리스트 작성하기/감사카드 쓰기

오늘 하루동안 감사했던 일(사람)은?

1	
2	
3	
4	
5	

'행복도 습관이기 때문에 자주 좋은 경험을 반복하는 것이 중요하다' 는
내용과 친절한 행동뿐만 아니라 감사한일 적어보기,
용서하는 편지 써보기 등 사소한 행동들도 반복하다 보면 자연스럽게
행복감이 높아질 것이라고 거듭 강조했습니다.

캘리포니아에서
온 편지

11

캘리포니아에서
온 편지

감사하는 사람만이 세상을 가질 수 있다.
그들로 인해 세상은 더욱 아름다워진다.
Only those who feel gratitude can have the world
The world would be more beautiful because of them

● ● ●

감사행복연구소장으로 부임한 후 하루하루가 어떻게 지나가는지 모를 정도로 바쁜 날들을 보내고 있었다.

강북지역본부에서 시범적으로 실시한 감사운동이 생각보다 빠른 시간에 좋은 성과를 거두었고 오미영 소장이 떠나기 전 이미 회사 전체로 확대가 되어 감사나눔 운동이 본격적으로 확산이 되었다. 다행히 오미영 소장이 각 본부별 감사운동을 지원할 땡큐베이터 양성과정을 진행하여 감사강의에 대한 강의스킬 및 강의코칭을 잘 해 주어서 큰 어려움 없이 땡큐베이터의 역할을 잘 감당할 수 있었다.

감사운동은 본부별로 양성된 땡큐베이터를 중심으로 운영했고 감사행복연구소장은 전반적인 진행상황을 점검하며 지원하는 역할을 중점적으로 맡았다. 더불어 지난달부터 본격적으로 시작한 독서토론을 원활하게 운영할 수 있도록 독서토론 지도자를 양성하고 지원하는 프로젝트를 본부별로 진행했다.

내가 속해 있던 강북지역본부의 독서토론 모임 준비를 위해 공지 메일을 보내려고 메일함을 열어보니 반가운 이름이 눈에 들어 왔다.

6개월 전 남편과 함께 미국으로 유학을 떠난 오미영 소장이 보낸 메일이다. 반가운 마음에 얼른 열어 보았다.

성병욱 소장님 안녕하세요?

오미영입니다.

지난번 소장님께서 보내주신 메일을 통해서 회사 내 감사운동이 잘 진행되고 있고 이제는 독서토론 모임도 사업부별로 만들어져서 활발하게 진행되고 있다는 소식을 듣게 되니 절로 마음이 흐뭇해집니다. 감사나눔의 열매가 풍성하게 열려 있는 모습이 눈 앞에 그려져서 생각만으로도 미소가 지어지네요. 다시 한 번 감사실천과 나눔에 앞장서서 솔선수범의 모습을 보여주신 점 감사를 드립니다. 더구나 이제는 땡큐베이터 모임에서 뜻을 모아 전국 교도소 재능나눔 강의에도 지속적으로 참여하고 계시다는 말씀을 들으니 대한민국의 행복지수를 높이는 아름다운 사명에 큰 뜻을 모아 주심에 감사의 박수를 보내드립니다.

저도 이곳에서 적지 않은 나이에 새로운 환경에 적응하고 정착하느라 조금 힘든 시간들을 보냈습니다. 다행히 남편이 맡고 있는 오케스트라 단원 중에 제가 다닐 학교의 교수님이 계셔서 그분의 친절한 안내로 이번 학기부터 교육학 박사과정에 어렵지 않게 적응할 수 있을 것 같아요.

얼마 전에 제가 다닐 학교인 캘리포니아대학교에서 〈행복의 신화〉를 쓴 소냐 류보머스키 교수의 세미나가 있었어요.

한국에서도 '행복나눔125' 운동에 뜻을 두고 있었기에 반가운 마음에 남편과 함께 한걸음에 달려가 세미나에 참석하고 왔습니다. 마침 이곳 한 인신문에 매달 칼럼을 쓰기로 되어 있어서 이달에는 류보머스키 교수의 행복세미나에 다녀온 소감과 함께 '행복도 훈련이고 연습입니다'라는 제목으로 칼럼을 써 보았습니다.

'행복 석학'이라 불리는 류보머스키 교수를 세미나를 통해 직접 만나보니 일단 행복연구에 몰입했던 18년 동안의 연구와 임상의 결과에 깊은 신뢰가 느껴졌어요.

류보머스키 교수의 '행복의 50%는 유전적인 요인이고, 10%는 환경의 영향을 받지만, 나머지 40%는 연습으로 만들어지며, 행복은 추구하는 것이 아니라 만들어 가는 것'이라는 말씀이 인상적이었어요.

'행복도 습관이기 때문에 자주 좋은 경험을 반복하는 것이 중요하다'는 내용과 친절한 행동뿐만 아니라 감사한 일 적어보기, 용서하는 편지 써보기 등 사소한 행동들도 반복하다 보면 자연스럽게 행복감이 높아질 것이라고 거듭 강조했습니다.

신문사에 보낸 칼럼 원고를 그대로 보내 드리면서 다음에 행복한 소식 또 전하기로 하고 오늘은 이만 글을 마칩니다. 감사합니다.

오미영 드림

행복도 훈련이고 연습입니다.

일상에서 수없이 많이 부딪히는 부정적인 상황을 긍정적인 상황으로 변화시키려면 반드시 감사실천으로 다져진 자기 통제가 필요합니다. 자기통제를 위해서 3단계 감사인 '그럼에도 불구하고(in spite of 또는 regardless of)' 감사가 절실히 요구됩니다. 긴장된 상황에서도 자신의 심신을 이완(릴렉스 ; relax) 할 수 있는 평정심을 얼마나 붙잡고 있느냐가 관건이 될 수도 있습니다. 긴장상태에서는 보이지 않던 해결책이 릴렉스(relax)한 심신 상태에서는 보여 질 수 있기 때문입니다. 바쁠 때 긴장하면 일이 더 꼬이게 되는 경우를 예로 들 수 있습니다. '바쁠수록 더디 가라'는 말처럼 힘든 상황일수록 주어진 상황을 침착하게 바라보고 꼼꼼하게 해결 방안을 마련해야 합니다. 이때 감사를 하는 사람은 문제를 문제로만 인식하지 말고 메타뷰(Meter-view)의 관점에서 바라보아야 합니다. 메타뷰는 헬리콥터를 타고 높은 곳에서 자신의 문제를 바라볼 수 있는 안목입니다. 크고 넓게 생각하는 습관이 360도 관점에서 문제해결력을 기름으로 그럼에도 불구하고 감사할 일들을 찾아내는 상황감사의 고수가 될 수 있다는 것입니다. 두 번째는 새로운 관점에서 생각을 확장하는 리프레임(reframe)입니다. 때로는 이전에 했던 방식에서 조금은 다른 각도, 다른 시선에서 문제 해결을 시도해 볼 필요가 있습니다. 지나치게 이전의 방식을 고집하는 것은 가끔 당면한 상황을 유연하게 해결하는데 도움이 되지 않을 수 있기 때문입니다. 과감하게 이전의 고정된 프레임을 내려놓고 또 다른 솔루션을 모색할 수 있어야 합니다. 또한 잘 될 것이라는 자기 암시 또는 미리감사의 내공을 길러 긍정적 상황으로 재해석하는 훈련을 지속해야 합니다. 이러한 긍정훈련과 상황감사의 지속성이 문제를 넓고 유연하게 수용하여 이전의 부정적 성과의 결과물 혹은 트라우마(trauma)를 이겨내는 해결책 마련에 큰 도움을 줄 수 있습니다. 세 번째는 자기수용 즉 일의 결과에 대해 인정하고 또한 실패했더라도 그 결과를 수용하고 허용할 수 있는 마음자세의 중요성을 들 수 있습니다. 실수나 실패할 때마다 자신의 능력을 과소평가 하거나 부족하게 인식한다면, 다른 사람의 실수나 실패도 용납하기가 어려울 수 있기 때문입니다. 자신이 최선을 다해 노력했다면, 감사하는 마음으로 기울인 노력에 칭찬할 수 있어야 합니다. 대부분의 사람들은 능력이나 성과, 좋은 결과를 칭찬하는 것은 익숙하지만, 기울인 노력을 인정하고 칭찬하는 일에 다소 인색해 질 때가 있기 때문입니다. '행복한 실수'라고 말하는 세렌디피디(serendipity)는 지금의 실수와 실패가 훗날 개인의 삶과 역사에 얼마나 큰 긍정적 영향을 줄 수 있는지를 잘 표현하고 있습니다. 오히려 결핍과 실패가 축복이 될 수 있다는 것입니다. 대표적인 예로, 플레밍 박사의 페니실린 발견 사례입니다. 창문 옆에 방치했던 세균 배양접시에 창문을 통해 날아 들어 온 곰팡이 균이 세균을 말갛게 녹여 버립니다. 그 현상을 관찰하다가 그 곰팡이에 페니실린의 원료가 숨어 있다는 것을 알게 되었고 그 후 10년 후에 이것을 토대로 페니실린이 만들어지게 됩니다. 즉, 원치 않았던 우연한 실수로 제2차 세계대전에서 병사들의 감염을 막아 수많은 목숨을 살려내는 페니실린이라는 위대한 약품이 탄생한 것입니다. 또 다른 예로 우리가 잘 알고 있는 3M의 포스트잇(post-it)의 상품화 과정입니다. 초강력 접착제를 만들려다 실패한 작품이 바로 전 세계인의 사랑을 받는 문구류인 포스트잇입니다. 다소 다른 상황이긴 하지만, 우물을 파다 발견한 진시황릉의 지하군대도 우연한 발견, 즉 세렌디피티라고 할 수 있습니다. 개인과 조직이 성과를 향해 나아갈 때 목표에 도달하지 못하거나 프로젝트의 실패로 인해 때론 팀의 사기가 저하되고 개인의 능력에 질책을 받을 수 있습니다. 그러나 실수와 실패가 전화위복의 기회가 될 수 있고, 앞으로 더 좋은 성과를 만들 수 있다는 기대감으로 감사와 긍정적 자기 수용의 기회를 가져야 한다는 것입니다. 사람의 의식수준을 1에서 1000까지의 척도로 수치화 한 〈의식혁명〉의 저자 데이비드 호킨스 박사의 의식 지도를 보면 총 17수준의 단계에서 기쁨, 감사, 축복의 의식은 500룩스(Lux)를 넘어 600룩스인 평안함을 향해 가고 있습니다. 두려움과 근심 또는 슬픔과 후회 등의 의식수준이 100룩스라면 500룩스가 넘는 감사로 가기 위해 우리는 용기를 가지고 지속적인 행복훈련, 행복연습, 행복습관의 본질인 감사를 올곧게 실천하며 자신의 감사지수를 날마다 최고조로 올려야 합니다. 감사도 훈련이고 습관입니다. 감사고수가 된다면 일상에서 만나는 수많은 갈등과 문제를 해결하는 긍정적 감사솔루션과 행복열쇠가 우리의 것이 될 수 있습니다.

감사를
만나면
경영이
즐겁다

부록

행복나눔125란?

행복나눔125는,

하루에 5가지이상 감사나누기, 한 달에 2권 이상 좋은 책 읽기, 일주일에 1가지 이상 착한 일을 실천하여, 신바람 나는 행복한 나라를 만드는 새마음정신운동입니다.

행복한 나 ➡ 행복한 가정 ➡ 행복한 일터 ➡ 행복한 사회 ➡

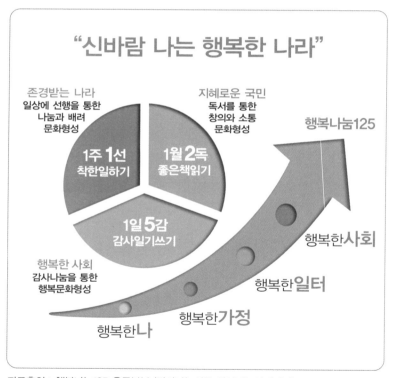

자료출처 : 행복나눔125 운동본부 (감사나눔신문 감사나눔아카데미)

감사경영 Program

· 개인의 행복과 조직의 성과를 이끄는 변화 프로그램
· 감사와 긍정마인드로 창의력과 문제해결력 증진 프로그램
· 감사쓰기와 실천으로 잘 통하는 소통문화 정착 프로그램
· 개인과 조직의 행복한 삶을 위한 지속가능한 실천 프로그램

모 듈		목 차	내 용
T	Transfor –mation 변화	· 변화의 필요성 · 변화의 시작	· 자연에서 배우는 변화의 지혜 · C · H · A · N · G · E의 요소 · 행복나눔 125란? · 누구부터 변해야 합니까?
H	Heartful Thanks 마음을 움직이는 감사원리	· GWP의 요소와 성과 · 감사와 긍정 에너지 · 감사실천의 6가지원리	· 신뢰(Trust), 자부심(Pride), 재미(Fun) · 선택의원리, 긍정해석의 원리, 파동의원리, 습관의 원리, 시너지의 원리, 성과의 원리
A	Appreciation 감사활동	· 감사쓰기/언어/행동 · 감사의 3단계 · 감사쓰기 체험	· 왜 감사쓰기인가? · if감사, because감사, in spite of감사 · 개인, 조직, 상황감사쓰기
N	Now action 감사실행	· 성과창출의 원리 · 감사실행 3D	· 감사훈련에서 GWP까지 · 긍정성 발견[Discovery] · 긍정미래상설계[Design] · 감사실행[Delivery]계획
K	Key of happiness 행복의열쇠	· 행복한 삶을 여는열쇠	· 지식성장 Cycle · 세종시대의 행복열쇠 · 감사쓰기의 힘
S	Success way 감사로 이끄는 행복한 성공	· 성공으로 가는 감사습관 (3-3-3의 법칙)	· Thanks Flower Garden · 감사실행계획 발표

교육 프로그램 문의 : 이엔케이교육컨설팅 감사행복연구소
전화 : 02-424-7833, 김병욱 소장 010-8266-6040 e-mail : torss@nate.com

김현용 · 이원선 공저
192면/15,800원

금융산업은 정보의 비대칭에서 오는 우위를 한동안 누려온 것이 사실이다. 그러나 숨겨진 비용과 투자 위험, 세금과 대한 과장된 공포 마케팅에 대해 현명한 금융 소비자들이 알아채기 시작했다. 재무설계사는 여전히 정보의 사각지대에 놓인 이들이 더 이상 시행착오를 겪지 않게 하기 위해 존재해야 한다. 필자는 소비자들에게 현명해지기 위해서 좋은 재무설계사를 찾고, 그들을 적극적으로 활용하라고 조언한다. 이 책을 통해 일반인들은 현명한 금융소비자가 될 수 있는 안목을, 재무설계사 지망생들은 재무설계사의 세계를 미리 엿볼 기회를 갖게 될 것이다.

정동훈 이상호 지음
264면/값 15,000원

이 책은, 뿌리가 사과나무인데 노력하면 감을 얻을 것이라고 말하지 않는다. 먼저 내뿌리가 무엇인지 발견하도록 안내 할 것이다. 당신의 삶에서 가장 소중한 것이 무엇이고 그것을 실현시키는데 재정관리의 초점을 맞추도록 도울 것이다.

이우각 지음
296면/값 13,000원

이 한 권의 책이 많은 이들의 생각과 인생을 바꿔 먼 후일 자신의 성공과 이웃의 자랑거리를 차곡차곡 쌓아놓게 되기를 진심으로 바란다. 먼 길을 걷는 데는 단 한 켤레의 신발이면 족하다. 어둡고 무서운 긴동굴을 무사히 빠져나가려면 무엇보다도 등불이 필요하다. 이 한 권의 책이 먼길을 걷는 신발이 되고 동굴을 통과하는 등불이 되기를 바란다. 그리고 우리시대의 '아픈' 십대, '아픈' 청춘들에게도 무지개 곱게 뜬 높은 하늘이 멋들어지게, 희망차게 펼쳐지기를 진심으로 바란다.

조창이 안현진 지음
240면/값 20,000원

이 책은 휴양림에서 즐기는 일반적인 숲체험 내용을 바탕으로 엮었습니다. 최근들어 어디든 숲을 찾는 이들이 많아졌습니다. 산림청에서는 산림휴양서비스의 일환으로 산림치유 프로그램 등 다양한 산림문화로 숲을 찾는 이들에게 즐거움을 주고 있습니다.

이영주 지음
224면 / 값 15,000원

이 교재는 재무설계를 시도하면서 많은 고민을 하고 있는 재무설계사들에게 보다 쉽고 보다 간편한 방법으로 재무설계를 실행할 수 있도록 도움을 주기 위해 만들었다. 재무설계 프로세스 6단계를 원칙대로 준수하면서도 재무설계 교재들의 이론적이고 딱딱한 내용이 아닌 현장에서 바로 적용할 수 있는 생생한 내용들을 담았다. 필자가 5년여 동안 재무설계 상담을 하면서 경험한 내용들을 바탕으로 '어떻게 하면 고객을 상담 테이블에 앉힐까?', '어떻게 하면 고객의 마음을 움직여서 재무설계를 실행하도록 할까?'에 대한 실제적인 답을 제시하고자 했다.

김현용 지음
400면 / 값 18,000원

재무상담실에선 어떤 이야기가 오고 갈까? 내 동료는 재무상담을 통해 어떤 고민을 털어놓을까? 재무설계사는 그런 고민들을 어떻게 풀어갈까? 저금리, 고령화의 화두를 뛰어 넘어, 구체적인 재무상담 사례를 통해 이 시대를 살아가는 우리 자신의 생생한 고민들이 이 한 권에 담겨 있다. 또한 4년에 걸친 오프라인 수업을 통해 검증된 재무설계학교 최신 수업내용의 일부를 살짝 공개한다. 한국FP협회가 주관하는 'Best Financial Planning Contest'의 2011년 수상자인 저자와 함께, 재무상담의 실제 현장을 엿보는 소중한 경험을 통해 독자들 한 분 한 분이 '현명한 금융소비자'로 거듭날 수 있기를 기대해본다.